家庭教育能力丛书

亲子活动共成长

家长能力

（初中）

主　　编：王治芳
副 主 编：徐继存　牛青云
执行主编：刘海涛
执行副主编：秦文菲

電子工業出版社
Publishing House of Electronics Industry
北京 • BEIJING

图书在版编目（CIP）数据

亲子活动共成长：家长能力. 初中 / 王治芳主编. —北京：电子工业出版社，2022.6
（家庭教育能力丛书）
ISBN 978-7-121-43449-5

Ⅰ. ①亲… Ⅱ. ①王… Ⅲ. ①初中生－家庭教育 Ⅳ. ① G78

中国版本图书馆 CIP 数据核字（2022）第 079346 号

责任编辑：袁桂春
印　　刷：三河市良远印务有限公司
装　　订：三河市良远印务有限公司
出版发行：电子工业出版社
　　　　　北京市海淀区万寿路173信箱　　邮编：100036
开　　本：880×1230　1/32　印张：7.375　字数：140千字
版　　次：2022年6月第1版
印　　次：2022年6月第1次印刷
定　　价：39.00元

凡所购买电子工业出版社图书有缺损问题，请向购买书店调换。若书店售缺，请与本社发行部联系，联系及邮购电话：（010）88254888，88258888。

质量投诉请发邮件至zlts@phei.com.cn，盗版侵权举报请发邮件至dbqq@phei.com.cn。

本书咨询联系方式：（010）88254199，sjb@phei.com.cn。

本书编委会

主　　编　王治芳

副 主 编　徐继存　牛青云

执行主编　刘海涛

执行副主编　秦文菲

编　　委　张　美　王媛媛

梁英红　王亓玉

丛书序

近年来，家长的家庭教育意识不断增强。很多家长通过听讲座、看视频、读书等方式学习了一些家庭教育理念、知识或方法，期望提升家庭教育水平。但很多时候，家长在遇到具体问题时还是存在手足无措、无法正确看待问题、与孩子沟通效果不佳、难以控制自己的情绪等情况，知道但做不到，这是为什么呢?

家庭教育是一项实践性很强的活动，家长只满足于书本学习是不行的，从“知”到“行”还有一段不短的距离。知道不等于理解，理解不等于能做，能做不等于有效。理念和知识是家庭教育水平提升的基础，家长只有通过不断实践、不断反思才能实现知行合一，不断提升教养能力。

亲子活动是家庭教育的重要途径。家庭教育在一定程度上可以看作由一个个亲子活动串联起来的整体行为。在活动中，家长的言传身教影响着孩子的人格和认知发展。因此，亲子活动质量直接体现了家长的教养能力，影响着家庭教育的水平。

鉴于此，山东省教育科学研究院先后组织编写了“家庭教育指导课程丛书”（包含《家庭教育指导课程指南》《幼儿家长手册》《小学生家长手册》《初中家长手册》共4册，以下简称《家长手册》）以及“家庭教育必读丛书”［包含《学会陪伴学会爱：家长学堂（0~1岁）》等共18册，以下简称《家长学堂》］，旨在帮助家长解决“知”的不足。在此基础上，又组织编写了本套家庭教育能力丛书（包含《亲子活动共成长：家长能力（0~1岁）》等共7册），旨在帮助家长解决由“知”到“行”的难题。

本丛书有扎实的理论基础，篇章结构以王治芳等提出的家长教养能力三维结构理论模型为依据，内容设计与《家长手册》和《家长学堂》一脉相承，是前两套丛书的延伸和应用，便于家长系统性地学习和实践。

本丛书包含0~1岁、1~2岁、2~3岁、幼儿园、小学低年级、小学高年级、初中共7册。按照家长教养能力结构，每册分为六大模块：家庭文化篇、家庭关系篇、家庭环境篇、品行塑造篇、心智培养篇、身心健康篇。每个模块由“小测验”、六个活动和“效果评估”等部分组成。“活动”是每册书、每个模块的主体，根据相应年龄段孩子的特点和家庭一般特点，选取切合实际、可操作性强、有价值、有意义的活动。活动前的“小测验”，目的是让家长对照自身行为评估自己在这方面的教养能力水平。活动后的“效果评估”目的是帮助家长在完成本模块活动后，检验自己的实践成效与收获。

本丛书在编写过程中，参阅了大量家庭教育理论和实践著作，得到了省内外诸多相关专家的指导和帮助，在此一并致谢！

王治芳

山东省教育科学研究院继续教育研究所所长

前言

本书是写给初中孩子家长的家庭教育实践活动指南。

随着孩子升入初中，不少家长面对很多问题束手无策，比如孩子小的时候很听话，为什么一到初中就变得桀骜不驯、难以沟通、不可理喻？这是因为孩子进入青春期后，在生理、心理发展的双重作用下，孩子们之间的“共性”越来越少，“个性”越来越突出，个体间的差异、自身进入青春期前后的差异都会越来越大。此外，进入青春期后，孩子迅速走向独立，对家长从依赖、信任、服从到怀疑甚至抗拒。一些并不正确的家教观念和方法，对儿童还很有用，但对强烈要求独立，甚至有些叛逆的青少年来说，已经不起作用，甚至会有反作用。这时候，家长不仅要主动学习家庭教育的理论、树立科学的家庭教育观念，更要有一定的家庭教育技能。

很多家长都有这样的困惑：明明老师讲得很清楚，自己听着也明白，觉得这样做就可以提高自己的家庭教

育水平，但实际情况是遇到具体问题还是手足无措，明明知道但做不到。这是因为从“知”到“行”还有一段不短的距离。知道不等于懂了，懂了不等于能做，能做不等于有效。理念和知识不能直接转化为能力，能力需要在实践中习得。家庭教育重在实践，只满足于听了讲座、看了视频、读了书是不行的，知行合一才能解决问题。

本书立足于初中孩子的身心发展特点，针对家长的共同困惑，精心选取了36个典型活动。每个活动都经过严格筛选，有充分的教育学、心理学依据，同时简单易学。每个活动都经过实践检验，成效显著。

本书由刘海涛任执行主编，秦文菲任执行副主编；主要编写人员有刘海涛、秦文菲、张美、王媛媛、梁英红、王亓玉；其中“家庭文化篇”由张美编写，“家庭关系篇”由王媛媛编写，“家庭环境篇”由梁英红编写，“品行塑造篇”由王亓玉编写，“心智培养篇”由刘海涛编写，“身心健康篇”由秦文菲编写；主编王治芳、副主编牛青云等修改并统稿。

目 录

家庭文化篇

小测验 / 003
活动一：亲子家庭会议 / 005
活动二：讲故事传家风 / 010
活动三：筹备生日会 / 014
活动四：制作家庭相册 / 018
活动五：书香悦时光 / 022
活动六：栽种成长树 / 025
效果评估 / 028

家庭关系篇

小测验 / 031
活动一：学反思，促接纳 / 033
活动二：问题聚光灯 / 037
活动三：倾听有技巧 / 041
活动四：沟通三部曲 / 045
活动五：赞美我宝贝 / 049
活动六：角色互换日 / 053
效果评估 / 058

家庭环境篇

小测验　/ 061
活动一：布置主题房间　/ 063
活动二：家务劳动我有责　/ 067
活动三：花卉绿植我养护　/ 071
活动四：做加法，做减法　/ 076
活动五：家庭飘满书香气　/ 080
活动六：网络使用我有约　/ 084
效果评估　/ 088

品行塑造篇

小测验　/ 091
活动一：挖掘榜样力量　/ 093
活动二：同伴交往指南　/ 097
活动三：“小鬼当家”一天　/ 102
活动四：我做班级义工　/ 107
活动五：交通规则竞赛　/ 112
活动六：点赞《新闻联播》　/ 115
效果评估　/ 119

心智培养篇

小测验 / 123
活动一：制作梦想板 / 125
活动二：学做小计划 / 129
活动三：做一个错题锦囊 / 134
活动四：意志力百日挑战 / 138
活动五：来一场头脑风暴 / 142
活动六：负重抗压我能行 / 146
效果评估 / 150

身心健康篇

小测验 / 153
活动一：亲子体质测试 / 155
活动二：相约去跑步 / 158
活动三：演讲夸自己 / 162
活动四：写封接纳信 / 166
活动五：掌控情绪风暴 / 169
活动六：周末生命影院 / 174
效果评估 / 178

附录A　/ 179
附录B　/ 185
附录C　/ 207
附录D　/ 215
参考文献　/ 220

家庭文化篇

中学阶段是思想品德形成的重要时期，不同的家庭文化会对孩子的思想观念和行为模式产生不同影响，进而影响其身心健康。因此，家长要重视家庭文化建设，传承、培育良好家风，培养孩子积极健康的生活态度，帮助孩子适应学习压力和时代需求。

本篇从初中生心理发展特点入手，围绕家庭文化中的制度文化、观念文化等设计了六个活动，旨在帮助家长充分发挥好家庭文化在教育孩子成人、成才过程中的关键作用。

小测验

下列哪些描述与您的情况相符，请在“判断”框内打“√”。

序号	题目	判断
1	家人之间经常交流家庭的事情。	
2	家人之间都能平等参与家庭交流，交流氛围和谐愉快。	
3	我和家人都清楚自家的家风、家训、家规。	
4	我和家人经常对家庭生活进行规划和设计。	
5	对于节日，我们总会提前准备，设计好具体的活动。	
6	我家的大小事务，经常让孩子参与。	
7	我经常利用业余时间学习和提升自己。	
8	家人经常在一起读书交流。	
9	我和家人经常一起开展家庭活动，如聚会、亲子游等。	
10	我们一家人经常在一起回忆美好时光。	

结果解释

8~10个“√”，表示您的家庭文化氛围良好，请继续保持。

4~7个“√”，表示您的家庭文化氛围一般，有改善的空间。

1~3个“√”，表示您的家庭文化氛围有待改善。

活动一：亲子家庭会议

青春期的孩子在生理和心理上都产生了微妙的变化，他们越来越不愿意向家长敞开心扉。举办亲子家庭会议是与孩子沟通的好方法，不仅能改善家长与孩子之间的关系，还有助于解决家庭矛盾，促进家庭和睦。

活动目的

1. 学习召开家庭会议的方法，能围绕自选主题召开一次成功的家庭会议。

2. 提高家长的民主意识，创设民主的家庭氛围。增进亲子沟通，促进亲子关系和谐。培养孩子良好的交流能力。

活动准备

物质准备：会议记录本、签到表、笔、一张干净的桌子、娱乐活动用品。

知识准备：

1. 阅读《学会陪伴学会爱：家长学堂（八年级）》第24课“尊重孩子的话语权”。以下简要摘录部分内容。

现实生活中，一些家长秉持听话的孩子才是好孩子的观念，因而在生活中很少给孩子话语权。家长希望孩子听话，这对渴望独立的青春期孩子来说，无疑是成长的桎梏。要想让孩子有更多的自尊感、价值感，请把话语权还给孩子。尊重孩子的话语权，是顺应孩子发展的需要，是培养孩子自尊感的需要，是培养孩子责任感的需要。尊重孩子的话语权，就要拒绝包办、代替，让孩子自己决定；在家庭事务中也要鼓励孩子参与；要认真倾听，鼓励孩子表达；也要教育孩子尊重别人的话语权。

2. 阅读《学会陪伴学会爱：家长学堂（九年级）》第29课“让孩子参与家庭决策”。以下简要摘录部分内容。

在家庭中倾听孩子的声音，让孩子参与家庭决策，对于孩子健康成长有以下好处：有利于孩子在生活中充满自信；有利于孩子形成独立思考、积极参与的人格；有利于形成民主、平等、和谐的家风，使孩子终身受益。

如何在家庭中给孩子搭建话语平台，让孩子勇敢自信地表达呢？要尊重孩子，认真倾听孩子的意见；积极采纳孩子的合理化建议；多给孩子提供参与家庭决策的机会。

活动流程			
步骤	方法	要点提示	记录孩子表现
步骤1：活动预热	从感恩家人开始，家庭成员间相互致谢或表达感激。 例如，妈妈对孩子说：“感谢你饭后帮我收拾碗筷，有你帮忙，我感到轻松多了。”孩子向父母（长辈）说：“感谢你们在我没考好时给我帮助而不是指责我。”爸爸向妈妈说：“感谢你为这个家付出了这么多。”	本环节重在让每位家庭成员感受到归属感和价值感。要结合具体事情表达感激，态度要真诚。	

步骤2：明确分工	讨论并确定本次会议的主持人、记录员与计时员。明确各个角色的职责：主持人负责主持家庭会议，记录员负责做好家庭会议记录，计时员负责提醒家庭成员发表意见和限制会议时间。	必要时可针对角色事先进行练习。 家人应轮流担任不同角色，让每个人都体验到不同角色的责任，增进互相理解与协作。	
步骤3：确定议题	回顾上周议题。主持人总结上周议题的跟进情况，家人可以进一步提出建议及改进措施以巩固效果（第一次会议可忽略此步骤）。 确定本周议题。主持人提出本次会议议题。注意每次尽量只讨论一个主要问题，以免注意力分散或给家人带来压力感。	一开始可以是一些轻松的议题，把举办家庭会议的好习惯保持下来。 可以提前确定议题并告知家人，便于提前准备，也可以集中家人智慧征集议题并民主选定。	

步骤4： 解决方案	分享互动。每位家庭成员都要针对会议议题表达自己的观点。记录员做好相应记录。 达成共识。逐条讨论大家的观点，制定解决方案。解决方案全家表决通过才有利于执行。	分享观点时，家人经过头脑风暴给出各自的建议，这个时候其他人不要评判。 讨论时注意避免无理由或带情绪争执，家长要以身作则、平等参与，不能滥用权威。	
步骤5： 会后活动	会议结束后，适当开展娱乐游戏，放松一下，同时增进家人感情。例如，可以是孩子或家长的才艺展示，也可以是一起玩个小游戏，还可以是有趣的猜谜语等亲子活动。 最后家庭成员合影留念。	鼓励每个人都积极参与到活动中来，有利于家庭成员间亲密合作，也会缓解由于讨论出现的冲突。 把每次会议的记录及合影整理成册，做成一本家庭民主生活纪实手册，作为家庭成长的印记。	

活动反思

家庭会议的氛围如何？议题是否有了较好的解决方案？组织家庭会议过程中有什么好的经验？碰到了哪些问题？

活动延伸

该活动还可以延伸到让孩子参与家务事、制作家庭日程表等其他家庭活动。

活动二：讲故事传家风

家庭或家族共同认可的家风故事，蕴含了长辈们日久经年的处世哲学，承载着良好的家风与习俗。好的家风故事能助推孩子健康成长，家长应充分利用好家风故事启迪和影响孩子，让孩子在好家风中浸润成长。正所谓“讲故事传家风，好家风代代传”。

活动目的
1. 制作一本家风故事簿，让家庭成员进一步了解自家的家风家训。 2. 做好榜样示范，引领孩子传承家庭美德，主动践行家风家训。
活动准备
物质准备：纸、记录本等。 知识准备： 1. 搜集著名家风故事，梳理自家家风故事（可以是祖辈、父辈的故事，也可以是时下亲子故事）。 2. 阅读《学会陪伴学会爱：家长学堂（七年级）》第30课“共建家规促成长”、第31课“讲故事 传家风”。以下简要摘录部分内容。 习近平总书记强调“国无德不兴，人无德不立”。家风的传承，家规的约束，促进了全社会的思想道德建设。家规正则家风正，家风正则家道兴。制定家规要遵循目标明确原则、爱与尊重原则，家规应该清晰明确，易于遵守。执行家规时父母要以身作则，奖罚分明。家规要与时俱进，及时修改。

3. 阅读《学会陪伴学会爱：家长学堂（七年级）》第31课“讲故事传家风”。以下简要摘录部分内容。

从古至今言之，《颜氏家训》（颜之推）、《诫子书》（诸葛亮）、《治家格言》（朱子）、《曾国藩家书》、《傅雷家书》等都在民间广为流传，闪烁着良好家风的思想光芒。家风故事中蕴含的人生哲学和生活道理，是文化和道德，以及智慧和处世方略的无声传递。

活动流程

步　骤	方　法	要点提示	记录孩子表现
步骤1：品故事，识家风	通过影视、书籍等途径和孩子一起了解名人，如习近平、钟南山等的家庭生活、成长故事。 和孩子一起品评上面的故事，分享各自的感受，如“钟南山取得这样的成就，很大程度上受到父亲毅然回国、行医济世、言出必行的影响。他的父亲以行动践行了良好的家风”。	让孩子了解到许多长盛不衰的家族或成功的人士都有各自兴旺发达的秘诀——好家风。为下一步知家风、议家风做好铺垫。	

步骤2： 讲故事， 知家风	家人围坐在一起，家长把活动前收集的自家家风小故事讲给孩子听。1~2个典型故事即可。	只讲1~2个故事便于孩子形成深刻印象。如果自家家风故事很多，以后可以慢慢讲给孩子听。	
步骤3： 议家风， 明意义	听完故事，家庭成员一起讨论：良好的家风是什么？根据每个故事的内容，提炼家风主题词、关键词。 结合家风故事，说一说生活中对家人的影响。	梳理家风的目的是让孩子了解自家的家风。家风主题词可以是关键词语或短句。	
步骤4： 传家风， 育文明	把家风故事记录下来，形成“家风故事簿”。 家庭成员各自表达传承家风的决心，并制定具体行为目标。家人之间互相监督，共育良好家风。	记录家风故事的目的是传承家风。 将感动化为决心，并落实到具体行动上，才能真正传承家风。	

活动反思
实施该活动后，您家的家风更清晰了吗？家风得到大家的认同、践行了吗？您和孩子有什么成长？请把这些记录下来吧！

活动延伸
传家风活动还可以有多种形式，如阅读名人家书、观看电影、举办家庭趣诗会、识家谱等。

活动三：筹备生日会

一年一度的生日是孩子成长的见证。过生日是孩子与同伴分享快乐、增进友情，与家长互相了解、使亲子关系和谐的好契机。对于初中生来说，家长和孩子共同筹备生日会，让生日具有仪式感，会给孩子留下深刻、美好的记忆。

活动目的

1. 和孩子一起筹备一次生日会，挖掘生日的教育意义，用生日仪式感营造良好的家庭文化氛围。

2. 让孩子感受父母的爱，增进亲子感情，增强家庭凝聚力。

活动准备

物质准备：纸、笔、家庭会议记录表、孩子往年的生日照片、背景音乐、相关材料等。

知识准备：阅读《学会陪伴学会爱：家长学堂（九年级）》第33课“过一个有意义的花季生日”。以下简要摘录部分内容。

给孩子过一个有意义的生日，不是简单地收礼物、送礼物，更不是攀比，而是让孩子在成长过程中感受家人的爱，增强家庭的凝聚力。

有学者讲，幸福感更多的来自经历，而不是礼物。共同的经历会比单纯的礼物更有意义，也成为孩子长大后幸福记忆的按钮。

青春期的孩子渴望得到尊重，有独立自主、自由创造的需要。家长可给孩子适度的自由空间，通过让孩子策划生日活动，使他从中感受到父母的爱和自身的价值，并由此学会尊重他人。

配套视频：手机端下载“家长空间”App，搜索文字“给孩子过一个有意义的花季生日”即可免费观看。

活动流程			
步　骤	方　法	要点提示	记录孩子表现
步骤1：回忆过往，征询意见	与孩子一起翻看他小时候过生日的照片，回顾孩子的成长历程。问问孩子，升入初中后的第一个生日想如何度过。	初中生已经有主见了，家长要了解孩子对于自己过生日的想法或计划，表达对孩子的尊重。	
步骤2：确定主题，设计方案	和孩子讨论确定生日会主题、地点、参与人员（以孩子的同学为主或以亲朋好友为主）、主持人、装饰材料等。 设计好活动流程和环节，包括但不限于开场、寿星讲话、许愿、唱生日歌、切蛋糕、游戏活动等。	如果孩子有攀比、铺张浪费的想法，要合理引导，帮孩子树立正确的价值观、消费观。其他要求可尽量满足。 如果孩子愿意主持，可以让孩子自己担任主持人。	

步骤3：亲子共准备	和孩子一起采购生日会的装饰品，如气球、挂饰等，制作并发放邀请函，准备感恩卡、主持词等。 还要准备一些趣味性强的小游戏，如“你画我猜”“成语接龙”等，以及相应的背景音乐。	感恩卡可以有多种样式，如家长和孩子互相给对方写一封信。 背景音乐的选择应充分尊重孩子的意见。	
步骤4：仪式进行时	主持人按既定方案主持生日会，同时引导孩子向父母、家人及朋友致谢。家长负责接待宾客、处理好临时事宜，让生日会按计划圆满完成。	生日会举行时，突出孩子的主角地位，兼顾让他承担一定的组织责任，锻炼其组织协调能力。	
步骤5：及时整理，总结成长	和孩子一起整理生日会照片、视频等资料。一起回顾生日会的难忘瞬间，也可以谈谈不足和遗憾，为下一次生日会做准备。	边整理边总结，总结才能自然、深入，同时能教会孩子及时反思总结的方法。	

活动反思

和孩子一起筹备生日会的过程愉快吗？这对您和孩子有什么影响？您和孩子对下一次生日会的筹备有没有好的想法和创意？

活动延伸

该活动还可以延伸到父母及其他家庭成员的生日会、传统节日庆典、毕业仪式、开学仪式等其他具有仪式感的活动。

活动四：制作家庭相册

在家庭生活中，随手拍下的照片记录了家庭的温馨时光。精心选取，整理成册，会成为家庭的一笔精神财富。家庭相册是个人和家庭成长史的真实记录。经常翻看，不仅能得到美的享受，还能增进家人之间的感情，给家庭带来无限温馨和欢乐。

活动目的
1. 记录家庭故事，留存家庭幸福时光。 2. 增进家庭成员间的沟通与交流，共同感受家的温暖。
活动准备
物质准备：家庭成员过往照片（合照或单人照、电子版或纸质版都可以）。 知识准备：阅读《学会陪伴学会爱：家长学堂（七年级）》第26课“让爱在家庭中流动”。以下简要摘录部分内容。 对孩子来说，爱是用心去感受别人的需要，并能够适度给予的过程。 家长需要用心为孩子营造爱的氛围，制造表达爱的机会，鼓励孩子去爱自己、爱他人、爱生活、爱世界。 夏丏尊曾说：“教育之没有情感，没有爱，就如同池塘里没有水一样。没有水，就不能称其为池塘，没有爱，就没有教育。”爱由心生，家长对孩子的爱是超越一切的。家长应该把爱的本领学到手，让爱在家庭中流动。 配套视频：手机端下载“家长空间”App，搜索文字“如何培养孩子的爱心”即可免费观看。

活动流程			
步　骤	方　法	要点提示	记录孩子表现
步骤1：挑选	和孩子一起翻看过往照片，回忆过往故事。挑选出有纪念意义的照片，重新冲洗出来。	投入情感回忆，才能保证步骤4“释义”的质量。	
步骤2：剪贴	对背景杂乱的照片进行剪切处理，如只把人像裁剪下来，再根据人物的动作、神态、服饰等特点，配上新的背景，也许会产生意想不到的效果。	可大胆用剪切的方法把人像剪下来，按照一定的艺术构思，把它们有机地组合在相册的册页上。	
步骤3：组合	把内容相关的照片组合在一起，作为一组照片处理。如父母从恋爱到结婚这段人生中最美时光的照片可以作为一组照片，同一时间在海边拍摄的照片也可以作为一组照片。	这种方法有点像写摄影小说。用同一线索串起来的照片组合在一起就像一首散文诗，能够诉说照片背后的故事。	

步骤4：释义	为每一张照片配上一首小诗，或者一些简短、诙谐的说明，也可以注明拍摄时间。	可以自己写，也可以借用别人的作品，但内容一定要和照片相吻合，这样才有韵味儿。	
步骤5：题名	给每一张或每一组照片题名，如表达父母恋爱历程的可以叫“爱之和”，表现海边主题的可以叫“海之韵”等。很普通的家庭照片，配上巧妙的题名，也可能会别开生面，大放异彩。 将所有的照片按照一定的线索整理成册，便记录下家庭的美好时光。	题名要做到简练、准确、含蓄、风趣，既可根据照片的内容，也可根据照相的时间来题。	

活动反思
在整理家庭相册的过程中，您和孩子沟通得如何？您觉得家庭的幸福感增强了吗？赶紧把过程中的美好记录下来吧！

活动延伸
1. 可以分别建立不同主题的家庭相册，如全家福、生日成长、旅游记忆系列等。 2. 闲暇时候，全家聚在一起拿出家庭相册浏览一番，讲述家庭故事。 3. 可以用本活动提示的方法制作电子相册。

活动五：书香悦时光

阅读能力是当代中学生的核心素养之一。家长要树立科学的阅读观念，积极创建良好的家庭阅读环境，激发孩子的阅读热情，培养孩子以书为友的阅读习惯，让阅读点亮孩子成长的道路。

活动目的
1. 亲子共读一本书，家人交流分享阅读感悟，促进心灵共同成长。 2. 营造浓厚的家庭阅读氛围，促使家庭成员养成自觉阅读的好习惯。
活动准备
物质准备：亲子共读的书、记录本等。 知识准备：阅读《学会陪伴学会爱：家长学堂（八年级）》第5课“懂得分享，快乐成长”。以下简要摘录部分内容。 英国戏剧家萧伯纳说过：“你有一个苹果，我有一个苹果，彼此交换一下，我们每个人仍然只有一个苹果。你有一种思想，我有一种思想，彼此交换一下，我们每个人就有了两种思想，甚至多于两种思想。” 分享并不是把心爱的东西送给别人，也不是简单的交换。八年级孩子的分享，已经不限于儿童期的物品分享，更多的是知识、经验甚至情感等无形之物的影响，更集中体现在与同伴分享新发现、新成果，相互磋商，创造一种积极互助的关系方面。 分享可以传递快乐，让人感到喜悦。孩子在与人分享时，快乐的情绪会感染双方，通过良性互动，增加这种积极的体验，促进孩子在快乐中成长。 配套音频：手机端下载“家长空间”App，搜索文字“懂得分享快乐成长”即可免费收听。

活动流程			
步骤	方法	要点提示	记录孩子表现
步骤1：话题引入	和孩子一起观看央视《朗读者》节目，激发孩子的阅读兴趣，约定亲子共读活动。	本环节也可以从其他有关读书的话题或故事引入。	
步骤2：亲子共读	寻找合适的朗读语料，和孩子一起制订阅读计划。可以各自选择喜欢的书或文章阅读，也可以亲子共读同一本书。阅读计划要包括书名、阅读目标、进度安排、完成时间等。 可以定期召开家庭读书会，一起完成阅读计划。	建议从经典名著书目里选择。 家庭成员要相互提醒、监督计划的执行。	
步骤3：朗读分享	阅读完成后，召开读书分享会。家长和孩子分别将自己从阅读中撷取的优美段落读给家人听，共同品味读书的乐趣。一人朗读时，其他人要用心去听、去感受。	朗读要注意两点：一是要说一说为什么朗读这些内容；二是正式朗读前要反复练习，提升朗读效果。	

<table>
<tr><td>步骤4：
畅谈感受</td><td>一人朗读完毕，其他人依次畅谈听后感受，互相启发，共同从书中汲取营养。</td><td>每个家庭成员都要表达自己的观点。</td><td></td></tr>
<tr><td>步骤5：
丰富体验</td><td>分享交流结束后，家长和孩子分别用自己的方式记录读书感悟，让感性认识上升到理性认识，促进心灵成长。</td><td>可以选择用阅读笔记、随笔、美篇、微信号等方式记录。</td><td></td></tr>
<tr><td colspan="4">活动反思</td></tr>
<tr><td colspan="4">实施该活动后，孩子有什么变化？您自身有哪些成长？请把这些感受记录下来吧！</td></tr>
<tr><td colspan="4">活动延伸</td></tr>
<tr><td colspan="4">家庭阅读活动还可以多种形式开展，如共读一本书、读书辩论会、亲子阅读分享会、好书推荐、主题阅读等。</td></tr>
</table>

活动六：栽种成长树

劳动是成长的必由之路，“绿水青山就是金山银山”的价值观需要在劳动体验中培养。通过亲子共植“成长树”，孩子能亲身体验种植，增强家庭成员爱护环境、守护家园的责任感和使命感，同时，家长和孩子可以一起寄予成长心愿，在栽种养护过程中构建和谐亲子关系。

活动目的
1. 亲子共植一棵“成长树”，感悟家庭的成长与变化，促进亲子沟通。 2. 增强孩子的社会责任、公益、环境保护意识。
活动准备
物质准备：树苗、植树工具、卡片或记忆瓶（防水防潮的小瓶即可）、成长感悟记录本、绘本《树看到了什么》、散文《桃花心木》打印稿等。 知识准备：阅读《学会陪伴学会爱：家长学堂（七年级）》第29课“亲子和谐度假期”。以下简要摘录部分内容。 亲子和谐度假期，要转变“好成绩就是好孩子”的育人观；支持孩子的假期规划，让孩子学会自我管理；注重实践活动，培养孩子的综合能力；鼓励孩子参加公益活动，培养社会责任感。 假期是最好的亲子相处的机会，无论家长工作多忙，建议多陪伴孩子，多鼓励孩子参加公益活动。参加公益活动不仅能够增进亲子关系，还可以培养孩子的社会责任感。 配套视频：手机端下载“家长空间”App，搜索文字“亲子和谐度假期”即可免费观看。

活动流程			
步　骤	**方　法**	**要点提示**	**记录孩子表现**
步骤1：了解意义	组织植树节主题家庭会议，和孩子一起讨论植树造林和栽种“成长树”的意义。	可以在会上和孩子一起阅读李贤珠的《树看到了什么》，激发孩子对于植树活动的兴趣。	
步骤2：确定方案，精心准备	与孩子共同商定种植树种、栽种时间和地点等事项。并了解该树种习性、栽种注意事项等。 还可以设计一张心愿卡或心愿条，悬挂在树上或装入记忆瓶中埋在树旁，让小树承载起孩子的祝福和梦想。	心愿卡可包括树木名称、种植人（姓名、出生年月日）、种植时间、温馨提示、环保口号、祝福或心愿等。	
步骤3：栽种“成长树”	按照既定方案，家长和孩子一起栽种“成长树”。栽种完毕，让孩子亲自在树上悬挂心愿卡，或在树下埋放记忆瓶，增强仪式感。	注意在栽种过程中保存影像资料，作为孩子成长的见证。照片可及时整理进家庭相册。	

步骤4：定期养护	通过查阅资料、采访咨询等方式，了解该树种的生长规律。 定期呵护，如浇水、培土、除草等，让小树茁壮成长。	让孩子在对“成长树”的持续呵护中培育爱心和责任感。	
步骤5：感悟成长	引导孩子写观察日记或为树制作成长相册，通过记录树的生长，感悟自己的成长。	可阅读林清玄的散文《桃花心木》，结合自己的“成长树”，抒发成长感悟。	

活动反思

实施该活动后，孩子的劳动意识和环保意识有没有增强？对成长有没有新的感悟？在一起栽种养护过程中，亲子关系有没有改善？请把您的感悟记录下来吧！

活动延伸

1. 还可以共育一朵“家庭花”、共同参加各种自然公益活动等，培育家人的爱心。

2. 在孩子14岁或18岁生日仪式上，重读心愿卡或开启记忆瓶，让时光见证成长。

效果评估

做完本篇活动，效果如何，请对照评估一下吧！

评估维度	描　述	改善明显	有一定改善	改善不明显
家长能力	您对您家的家庭文化建设有新的规划吗？			
	您挖掘的自家家风故事能触动孩子吗？			
家庭文化	家庭会议中，每个人是否都能畅所欲言？			
	家人一起读书的时间是否更多了？			
孩子变化	孩子能自行策划一次家庭活动吗？			
	孩子乐意参加家庭文化建设活动吗？			
	家庭会议中，孩子愿意和父母交流吗？			

家庭关系篇

家庭关系，特别是亲子关系，影响着孩子的情绪表达、处世态度、人际交往方式、心理健康以及同伴关系的建立，对孩子的学习状态也有显著影响。良好的家庭关系对孩子的身心健康和发展有着重要意义。

初中阶段的孩子正值青春期，自我意识增强，要求独立自主，急于摆脱父母、老师的控制，容易与家长发生冲突，导致亲子关系紧张。那么，在这个特殊的阶段，家长该如何建立良好的家庭关系呢?

本篇设计了六个活动，旨在引导家长与孩子觉察内心的真正需求，学会聚焦问题，运用科学的沟通技巧，使亲子沟通更平和、高效，改善家庭成员之间的关系，增强家庭凝聚力。

小测验

下列哪些描述与您的情况相符，请在“判断”框内打“√”。

序　号	题　目	判　断
1	我与家人的关系是亲密、和谐的。	
2	我和爱人经常有温暖的肢体交流，如拥抱、搂肩、牵手等。	
3	我会主动学习如何与家人建立和谐的家庭关系。	
4	遇到问题，我和家人能共同交流，找到解决问题的办法。	
5	我能耐心倾听并接纳孩子的不同意见。	
6	孩子愿意对我诉说他在学校的见闻和感受。	
7	我和家人在交流时，都能语气平和，很少指责对方。	
8	我善于发现孩子身上的优点，在我看来，孩子已经足够好了。	
9	我能用积极的语言真诚地赞赏孩子。	
10	与孩子发生矛盾时，我能换位思考，顾及孩子的感受。	

结果解释

8~10个“√”，表示您的家庭关系良好，请继续保持。

4~7个“√”，表示您的家庭关系一般，有改善的空间。

1~3个“√”，表示您的家庭关系有待改善。

活动一：学反思，促接纳

有的孩子自我要求很高，达不到自己或家长的期待时会产生自责心理，给自己带来很大压力。适度的压力能使人上进，而过大的压力则会造成心理困扰，学会自我接纳是成长的必修课。

活动目的
1. 通过反思，澄清内心，促使家长与孩子觉察各自内心的真正需求。 2. 通过交流互动，增进家长与孩子的彼此了解、彼此尊重、互相接纳。
活动准备
物质准备：每人一套纸笔，一般的中性笔、白纸即可。 知识准备： 1. 了解不合理信念“绝对化要求”的含义。 “我应该怎样”，往往不是自己对自己的要求，而是他人对自己的强求，这种强求可能始于遥远的幼年时期，以至于我们将之内化，分不清自己内心的真实需求和感受是什么。在填写“我应该”的内容时，假如当事人的内心是抗拒的，感到不舒服甚至愤怒，恰恰说明了这种需求不是真正的自我需要，因为我们是“被迫”的，在面对“我应该”时，才会产生消极的情绪，才迟迟不愿行动去实现这些“我应该”。从“我应该”到“我可以”，是从被迫接受到主动选择的改变，有了选择的自由就有了自觉的力量。这个练习帮助我们更清醒地自我觉察，厘清什么是我真心想做的，什么是别人强加给我的，阻碍自己前行的障碍是什么。自我觉察是改变的开始，正视内心，看到自己的愿望与需求，才能真正地继续前行。 2. 阅读露易丝・海的《生命的重建》一书，知道怎样用一种新的、更积极的角度来审视自己，以及自己与他人的关系。

活动流程			
步　骤	方　法	要点提示	记录孩子表现
步骤1：营造氛围	选择一个没有外人打扰的时间段，在书房、客厅或餐厅布置一处整洁干净的讨论区，家人舒适地围坐一圈。每人准备好纸和笔。	营造安静、舒适的氛围很重要，可以用播放舒缓的轻音乐等方式来营造氛围。	
步骤2：填写清单	每位家庭成员反省自己在亲子交往中对自己的绝对化要求，写在纸上“我应该……”，每个人写出五六个这样的句子，比如，我应该按时完成作业。	家庭成员保持放松，互不干扰。	
步骤3：反思觉察	每个人读一读自己写的句子，每念一句话，自我反思“为什么我会觉得自己应该这样”。无论答案是什么，都不用评论。 然后，大家一起讨论“我应该”这三个字，它暗含着什么信息？我读出这些句子的时候，内心是什么感受？	可以从家长开始，交流要尽量坦诚，勇敢正视自己的内心。 讨论“我应该”时思考：这是谁对我的要求？它暗含着对我的肯定还是否定？	

步骤4：改写澄清	把前面写下的话中的“我应该”改成“我可以”，也可以进一步改成“我真心希望可以”。再重新读读这些话，体会并说出此时的心理感受。 然后说一说为什么自己还没有做。	要真诚面对自己的内心，勇敢说出还没有开始做的原因。分清楚哪些是自己想做的，哪些是别人的要求。澄清了这些，会使大家对自己、对其他家庭成员有更深的理解和体谅。	
步骤5：整理审视	每个人都重新审视、整理自己的清单，看看哪些是可以去掉的，哪些是重新审视之后，可以鼓起勇气去做的。特别是对孩子来说，哪些是自己并不情愿，但是父母坚决要求的。然后互相诉说各自的理由、期待是什么。	交流要平等坦诚，家长尤其要注意给孩子畅所欲言的机会，以尊重的态度倾听孩子的想法和诉求，讨论的目的不是达成一致、解决问题，而是促进相互理解。	

活动反思
实施该活动后，您对自己和孩子有更深入的了解吗？重新审视您对孩子的要求对孩子产生了怎样的影响？您对孩子有更深一步的体谅吗？请把自己的感受记录下来吧！

活动延伸
该活动还可以延伸到对夫妻之间的要求和关系的审视上。

活动二：问题聚光灯

每个人在生活中都会遇到很多问题。其实，问题是挑战，也是机遇。无论是家长还是孩子，如果能学会理顺问题、聚焦问题，进而解决问题，就可以在处理问题的过程中获得智慧，得到成长。

活动目的
1. 练习将多个问题科学排序，将问题转化为具体可操作的行为步骤，使问题更易解决，学会化繁为简，聚焦问题。 2. 提高家庭成员的民主商讨意识、解决问题能力，增进家庭凝聚力。
活动准备
物质准备：若干小纸条（每个纸条上能写一两句话即可）、每人一支中性笔。 知识准备：了解聚焦问题技巧。 聚焦问题技巧是社会工作理论中家庭干预的常用技巧，是社会工作者帮助受助家庭成员收窄问题的范围，将受助家庭成员的注意力集中在需要解决的问题上，以便对问题进行深入的探讨，帮助受助者更好解决问题的技巧。本活动借鉴此技巧，由家庭成员自己学习梳理问题，根据重要程度给所面临的的问题排序，在众多问题中找到焦点问题。在找到问题后，将问题具体化，找到解决问题的抓手，聚焦问题的解决方法，制定行之有效的问题解决步骤，从而有效解决问题。

活动流程			
步 骤	方 法	要点提示	记录孩子表现
步骤1：列出问题	主持人宣布家庭会议开始，给大家分发小纸条和笔。请大家从夫妻相处、亲子关系、孩子学习等方面写出自己与家庭面临的问题，每个人独立写出，不讨论，不相互干涉。	主持人最好由家长担任，家长要提前学习本活动的步骤和操作要点。 一个小纸条只写一个问题。每个人可以写一个或者多个纸条。	
步骤2：梳理问题	把大家写的纸条收集起来，一起梳理所写的问题，把相同或相似的问题进行整合。	对写有相同或相似问题的小纸条，选取并保留表达最准确的一个。	
步骤3：讨论排序	大家阅读留下的小纸条，一起讨论，将问题排序，把急需解决的、容易解决的、当事人愿意最先解决的问题排在前面，其他问题依次排序。 最后确定家庭中需要优先解决的2~3个问题。	讨论问题的轻重、缓急和解决意愿时，要充分尊重每一位家庭成员，特别是孩子的意见。 问题涉及谁，谁最有决定权。	

步骤4：具化问题	大家讨论，将需要优先解决的问题进一步具体化。 如果孩子的问题是作业质量差，那么要进一步具体讨论：是习惯不好走神频繁，还是态度不认真书写潦草，抑或是知识没掌握错题太多？如果同时具有以上问题，那就选择从最容易见效和解决的方面入手。 将细化的问题写到小纸条上，以备以后查看。	将问题进一步具体化才能找到解决的抓手，这是最考验智慧和耐心的一环，要落到实处。	
步骤5：解决问题	家长和孩子思考：要解决这个问题，分别可以做什么？达成共识后，先选择最容易做出的改变和行动，将它写到小纸条上。然后思考，做到了第一步，第二步怎么做，写出三步即可。 将小纸条贴到醒目的地方，当事人可以经常阅读，提醒自己要怎样做，察觉自己做到了何种程度。	思考解决之策，重在落实到自己如何做。 每个人都需思考：要想解决这个问题，我可以做什么？要想辅助别人解决这一问题，我可以做什么？	

步骤6：反馈增能	制定好问题解决策略后，立刻实施。 家人互相鼓励，一旦发现问题解决者有正向改变，其他人要及时给予反馈、回应和赞美，为其增加改变的正能量。	回应要具体，要做正向反馈，具体方法见本章活动五。 聚焦问题的方法可以反复运用。	

活动反思
遇到问题时，您会用排序法聚焦重要的或易解决的问题吗？能更好地将问题具体化并制定有针对性的策略吗？孩子解决问题的能力增强了吗？

活动延伸
该活动方式也适用于解决工作中的问题。

活动三：倾听有技巧

青春期的孩子心智尚未完全成熟，心理处于动荡期，既离不开家长的帮助，又想脱离家长的控制，极易发生观点冲突。家长作为孩子最亲密的人，应学会接纳孩子，积极倾听孩子内心的声音，让孩子敞开心扉，在表达中获得自我成长的力量。

活动目的
1. 家长学会不带预设地耐心倾听，在倾听中加深对孩子的了解，增进亲子关系。 2. 鼓励孩子表达自己的感受，让孩子感受到家长对自己观点的重视。
活动准备
知识准备： 1. 阅读托马斯·戈登的《P.E.T父母效能训练》，了解怎样接纳和有效倾听孩子。 有效倾听，需要家长以接纳的心态，不带预设地听孩子说话，从孩子的语言信息和非语言信息中捕捉其情绪和真正的表达意图，并给予孩子恰当的信息反馈。 接纳孩子必须做到真心诚意，不提前预设孩子的反应，要学会将接纳表达出来。不干涉孩子，保持沉默地倾听，用点头、侧身微微靠近的方式表达倾听的兴趣，都是表示接纳的方式；语言上不对孩子进行评判、指挥、说教，也是表示接纳的方式。当孩子在强烈情绪的支配下，说出激烈的话时，家长要学会听“弦外之音”，捕捉孩子语言信息中的情绪，并给予孩子恰当的回应。

2. 阅读《学会陪伴学会爱：家长学堂（八年级）》第25课“做善于倾听的家长”。以下简要摘录部分内容。

用恰当的方式表明自己在认真倾听。孩子在跟家长说话时，家长要全神贯注地听，可以通过眼神和孩子进行交流，有时家长不用多说什么，只需肯定地点点头，或给孩子一个赞许的眼神，拍拍孩子的肩膀来表达理解，孩子就会感受到温暖和尊重。也可以用一些简短的话，比如“哦”“嗯”“我明白了”等词语来表示自己正在倾听。如果家长能够把孩子的感受恰当描述出来，沟通效果会更好。

注意沟通时的态度。积极关注的态度，是有效沟通的基础。只有言语中充满理解与同情，家长的真诚才能打动孩子，家长才能成为认真倾听的示范者。家长还应积极关注……要善于发现孩子身上存在的闪光点。哪怕是孩子取得的很小的进步，都要及时关注和肯定。

配套音频：手机端下载“家长空间”App，搜索文字“如何做一个善于倾听的家长”即可免费收听。

活动流程			
步　骤	方　法	要点提示	记录孩子表现
步骤1：保持沉默	当孩子抱怨学习、生活、他人的时候，家长克制住想要立刻说教、指导、指责的冲动，在孩子诉说时保持沉默。只听，不“说”，不“做”。	行动上不干涉、语言上不评判，用非语言的形式表示对孩子情绪的接纳。 在倾听的过程中，表情要平和，肢体尽量放松。	

步骤2：冷静回应	用“我明白了。”“哦。”“真的吗？”“你想谈谈这件事吗？”“继续说，我听着呢。”这样的语言回应孩子。 同时注意用点头、身体前倾、微笑等身体动作、表情表达对孩子的关注。	这样回应时要注意，不做其他反应——不评判、不否定，鼓励孩子放下戒备、敞开心扉。	
步骤3：共情孩子	当孩子表达自己的苦恼、抱怨、愤怒的时候，家长要设身处地，尝试将自己放入孩子的世界（想象自己是孩子，在具体情景下是什么感受），去体会孩子语言背后的情绪是什么，并尝试用语言将之澄清、陈述出来，比如“你现在很失望，是吗？”，然后通过孩子的回应来确认自己的理解是否准确。	假如孩子对家长的回应是冷漠、激动或愤怒的，说明家长的回应并没有真正共情到孩子，或者回应里掺杂了对孩子的评判、说教。家长要再调整自己，尝试重新共情孩子。	

步骤4：坦诚讨论	家长向孩子坦诚自己正在尝试一种新的交流方式，愿意用新的姿态尝试了解他的情绪、苦恼。 征得孩子同意后，与他讨论尝试这种倾听方式的过程中各自的感受。向孩子表达自己改变的意愿，邀请孩子帮助自己进步。 如果孩子还没有准备好，尊重孩子，给他时间体会你的诚心。	积极倾听不是为了控制孩子，假如家长产生这样的困惑：我都努力去倾听孩子了，为什么他还是不听话？说明家长仍然抱着控制孩子的心态。正确的做法是放下预设，真心关注孩子的情绪。	

活动反思

实施该活动后，您能更好地倾听孩子吗？孩子感到被接纳了吗？孩子的行为和对家长的态度有什么改变？请把您的观察、感受、思考记录下来吧！

活动延伸

也可以让孩子学习倾听家长，促进孩子对家长的共情。

活动四：沟通三部曲

每个人都有自己的需求，孩子和家长也不例外。当孩子的行为困扰家长时，有些家长习惯用命令、警告的方式禁止孩子，或者用评判、劝告的方式指导孩子；也有些家长选择默默忍受，一味用牺牲自己的方式成全孩子。前者容易使孩子变得叛逆，产生依赖性，后者容易使孩子变得自私，缺乏共情能力，都不利于孩子成长。正确的做法是用平和、坚定的方式，清晰而坦诚地表达自己的感受，从而赢得孩子的尊重和体谅。

活动目的
1. 掌握基本的沟通原则和步骤，学会平和、坚定地表达自己的感情与意愿。 2. 鼓励、指导孩子练习表达技巧，使亲子沟通更平和、高效。
活动准备
物质准备：笔记本、笔。 知识准备： 1. 了解“我—信息”。“我—信息”是美国心理学家托马斯·戈登提出的一种简单有效的沟通技巧。我—信息，是以“我”作为谈话的主语，由对方不可接受的行为、自己的感受、实际而具体的影响三个部分组成。发送“我—信息”，是用平和的、不含指责的方式表达自己的真实感受，消除可能的心理对抗，从而使孩子更乐于接受家长的要求、建议，改变自己的行为。要注意的是，“我—信息”的本质是实现有效、平等的亲子交流，而非控制孩子。本活动主要以此理论为基础设计。

2. 阅读《学会陪伴学会爱：家长学堂（八年级）》第23课“用坦诚换取孩子的真心”。以下简要摘录部分内容。

教育是一棵树摇动另一棵树，一朵云推动另一朵云，一个灵魂唤醒另一个灵魂。家长作为孩子的第一任老师，要用自己的真情去换孩子的真心，做到和孩子坦诚相待。

真诚相待才能彼此信任，相互信任才能敞开心扉，家长应与孩子坦诚相待。家长具体应该怎么做呢？一是对孩子保持开放的态度，二是让沟通的语言信息和非语言信息保持一致，三是用让孩子主动担责的表达方式。

配套音频：手机端下载“家长空间”App，搜索文字“学会与孩子坦诚相待”即可免费收听。

活动流程			
步　骤	方　法	要点提示	记录孩子表现
步骤1：情景回顾	回顾孩子某一行为使自己感到心烦时的具体情景，例如，孩子答应了周末打扫自己房间的卫生，却没有付诸行动。 在笔记本上记录下自己的回应方式和当时的内心活动。	尽量回忆出更多细节，如亲子对话的具体内容、家长的内心感受、孩子的表情和行为等，以便情景更加真实、生动。	

步骤2：学习技巧	在一次科学的沟通中应完整表达三个信息：事实（客观描述孩子做出的使自己不能接纳的行为）、感受（表达自己的真实感受）和期待（描述孩子的行为给自己带来的具体影响，并表达自己的希望）。 如针对步骤1的情景，可以这样回应：“你之前答应了周末打扫卫生，现在却不想打扫了（事实），我感到很失望（感受），我希望你能遵守诺言，将你自己的房间打扫干净（期待）。”	描述事实时要避免贴标签或指责、评判。 当家长的感受是愤怒时，要继续探查引起愤怒的初始情绪是什么。例如，孩子很晚才回家，家长也许会愤怒，但初始情绪其实是担心。	
步骤3：对比反思	针对步骤1的具体情景，用步骤2的技巧给孩子一个假想回应，猜测孩子的反应会有什么不同。	将“假想回应”与步骤1记录的“真实回应”做对比，加深对新的沟通技巧的体会。	

步骤4：反复实践	以后再发生类似事情时，用步骤2的技巧与孩子对话，反复练习并不断琢磨怎样说孩子更容易接受。	根据孩子的反应，反思自己与孩子沟通时的状态和语言表达方式，寻找最适合与孩子沟通的方式。	
步骤5：共同成长	践行一段时间后，请孩子谈一谈对自己沟通方式变化的感受，邀请孩子一起学习使用新的沟通方法。	在教孩子的过程中，对自己使用的新沟通方法做进一步反思。在孩子的学用过程中，要及时给予反馈和鼓励。	
活动反思			
通过学习实践，您能更好地与孩子沟通了吗？孩子的反应是怎样的？您能区分属于孩子的问题和属于自己的问题吗？请把您的观察、感受、思考记录下来吧！			
活动延伸			
可以自身沟通方式的改变，带动孩子及更多家人转变沟通方式。			

活动五：赞美我宝贝

“爱之深，责之切”，有些家长对孩子期待较高，习惯用苛刻的眼光看待孩子的缺点和不足，希望激励孩子不断进步，然而在否定中长大的孩子，容易缺乏自信。学会赏识孩子，善于发现孩子的优势、进步，并适时赞美孩子，才能给孩子注入成长的动力。

活动目的

1. 从细微之处发掘孩子的优点，学会从积极的视角看孩子。
2. 学会按具体的步骤真诚地赞美孩子，帮助孩子提高自信心。

活动准备

物质准备：笔记本、笔、造型好看的便利贴纸（用于做“寻美树”的树叶）。

知识准备：

1. 了解什么是“正向语言”和“赋能”，了解怎样用正向语言向孩子表达赞美。

暗示心理学强调潜意识有强大的力量，将积极的意念施加于潜意识，个体会迸发积极的力量。“心理暗示之父”埃米尔·库埃指出暗示对人的积极意识起着重要作用。尤其是年轻人由于学习能力强，所以容易生成良性行为的意念，只要潜意识接受了这些意念，就可以对行为起到指导作用。海地罗暗示法是一种具体的暗示方法，即由他人（可以是一人也可以是多人）给另一个人提口头上或精神上的意见。借助他人给需要帮助的个体以暗示，警醒被动的个体，使其内心产生渴求，从而促进个体产生积极的自我暗示。本活动旨在通过具体可操作的方法，使家长用积极正向的语言给予孩子积极的暗示，促进孩子自我力量的生长。

2. 阅读《学会陪伴学会爱：家长学堂（七年级）》第16课“请恰当地赞美孩子”。以下简要摘录部分内容。

每个人都需要得到赞美，尤其是处于青春期的孩子。赞美能让灵魂得到滋养，恰当的赞美能促进和激励孩子良好品格和行为习惯的养成。

从行为心理学的角度来说，赞美是一种强化手段，能让孩子将正确的行为坚持下去。现代心理学研究及大量教学实践也表明，当一个孩子在疲惫的时候，如果得到赞美就会产生一种积极向上的力量；相反，当孩子得不到赞美或被批评时，他现有的体力也会戏剧性地不降。

如何恰当地赞美孩子呢？赞美需要不断提升自我，赞美要及时有效，赞美要言之有物，赞美要有针对性。

配套视频：手机端下载“家长空间”App，搜索文字“请恰当地赞美孩子”即可免费观看。

活动流程

步　骤	方　法	要点提示	记录孩子表现
步骤1：发现优点	在笔记本上列出孩子的优点，越多越好，至少10条。除了学习，还可以从孝顺、有爱心、爱运动、爱劳动等方面挖掘。 优点要尽量具体。在相应的优点下，简要列举相关的具体事件、孩子的表现。经常读一读。	不是等孩子进步了再找优点，而是面对现实中的孩子，最大限度地挖掘其现有优点。 世上没有完美的孩子，也没有一无是处的孩子。这一步旨在帮助家长把关注点从孩子的缺点调整到孩子的优点上来。	

步骤2：每日寻美	每天至少找到孩子一个优良表现并记录下来，制作一棵“寻美树”，将每个优良表现写在一张小纸条上并粘贴在树上。 每天对着“寻美树”读一遍，告诉自己这些都是赋予孩子希望和能量的种子。还可以邀请孩子一起读。	记录的内容可以是孩子的一个优点、一次进步、一个积极的想法、一个暖心的举动，也可以是不良行为的减少，但要正向记录，如不写“发脾气少了”，而写“情绪更平和了”。	
步骤3：真诚赞赏	当孩子的某个行为表现让你产生了真心想要赞美的感觉时，把这种感觉传达给孩子。赞美时完整表达以下两个信息：孩子的行为（具体指出孩子的什么行为、语言、态度，让你感觉想赞美）和自己的感受（真实表达看到孩子的表现后，自己第一时间的感受）。 例如：“看到你把家整理得这么整洁（孩子的行为），我感到很舒适、很幸福（自己的感受）。”	赞赏须是真诚、不夸张的，不是“你真棒”“你很乖”这种标签性评价，而是把具体行为和感受说出来。 如果不习惯口头赞美孩子，可以写在“小纸条”上给孩子。 注意赞美后不要对孩子提出进一步要求，否则容易成为情感绑架。	

活动反思
通过活动，您能转换视角，真诚地发现孩子的优点吗？您对孩子的赞美具体纯粹吗？通过尝试，您能更好地接纳孩子了吗？
活动延伸
赞美也可以用于夫妻之间以及与其他家庭成员的相处过程中。

活动六：角色互换日

虽然生活在同一屋檐下，但家长与孩子对世界的感受是不同的。有的家长觉得孩子不够努力、不懂感恩，而有的孩子觉得家长过于专断、不理解自己。究其原因，是大家都习惯了站在自己的角度看问题。本活动让家长和孩子互换角色，尝试站在对方的角度体会不一样的感受，增进对彼此的理解。

活动目的
1. 通过互换角色的情景体验，使家长与孩子学会换位思考，体会对方的处境和感受。 2. 通过交流反思，促进亲子双方的相互理解，使亲子关系更和谐。
活动准备
物质准备：一日开支所需现金、记账簿。 知识准备： 1. 了解什么是“共情”以及怎样培养共情力。 人本心理学家罗杰斯认为共情是体验他人的精神世界，并将这种过程当成体验自己的精神世界；还有心理学家提出共情既是对他人目的和信仰的理解，也是对别人情绪和感受的理解。通过共情，个体才能学会分享别人的情绪和理解他人的内心感受，更好地和他人沟通。能换位思考，站在别人的角度，体会他人的感受，是有共情力的一种表现。而本活动通过游戏的方式，真正让家长与孩子互换角色，进行情景式体验，促使双方深入体会对方的处境和感受，培养共情力，使亲子关系更加和谐。

2. 阅读《学会陪伴学会爱：家长学堂（七年级）》第27课“母亲节，向孩子传递无条件的爱”。以下简要摘录部分内容。

让孩子在“体验日”体会母亲的不易。俗话说，养儿方知父母恩。母亲节当天，妈妈们可以给自己放一天假，让孩子扮演妈妈的角色，体会妈妈的不易。可以引导孩子体验妈妈每天24小时是如何分配的，有多少时间在照顾家庭，有多少时间在工作养家，有多少时间在陪伴孩子，有多少时间真正属于自己。看似是一张时间表，实则是一份母爱分配表，在此期间妈妈要像孩子一样发一次小脾气，让孩子来解决。另外，要对孩子说“您辛苦了”“谢谢您的帮助”等话语，引导孩子平时也要对父母这样说。孩子体验妈妈日常生活的同时，也将学会独立行动和自我负责。孩子只有懂得付出了，才会更加理解和体谅父母。

配套图文：手机端下载“家长空间”App，搜索文字“通过母亲节，让孩子知道你无条件的爱”即可免费阅读。

活动流程

步　骤	方　法	要点提示	记录孩子表现
步骤1：协商准备	家长与孩子一起商定交换日的时间、基本内容、各自的职责和权限等，明确孩子主要从哪些方面来承担家长的职责，如做饭、打扫卫生等；家长要体验孩子哪些方面的生活，如在玩手机上有所限制、由孩子指定完成某些任务等。 家长将常规一日生活所需现金交给孩子。	提前协商，把各自的职责和权限商定清楚，可以在纸上列出来，保证活动的顺利进行。	

步骤2：交换体验	角色交换从交换日早晨起床开始。担任家长职责的孩子负责一天的生活安排：三餐的准备，包括食材的采买、食品的购买或制作；卫生打扫的安排；家庭活动的安排等。 扮演孩子角色的家长接受一定的行为限制，如使用电子产品的时段时长等；接受一定的学习任务安排，如阅读家庭教育书籍并记好笔记等。	互换的目的在于换位体验，体会在不同的处境上有何感受。通过互换，达到双方的情感和谐，而不是挑起对立。任何一方都不能抱着故意给对方制造麻烦的对立情绪来做这个活动。 在活动过程中，家长应完全放权，不要对孩子的安排指指点点。	

步骤3：交流反思	交换日结束后，双方及时交流角色互换的体验。孩子说一说当家长的职责应该是什么，做家长的体会是什么；家长说一说做孩子的限制是什么，重新当一次孩子的体会是什么，现在的孩子与过去的自己处境是否有不同。 然后家长和孩子分别反思自己以前某些行为的不当之处并表达改进的愿望。	交流反思的侧重点在于体会对方的处境，对对方身份、职责的新认识、新体会、新理解，便于今后遇到问题时更好地换位思考。今后生活中双方互相监督落实。	

活动反思

通过活动，您能更好地体会孩子的处境吗？孩子对家长的身份、职责有了新的理解吗？您和孩子的关系有新的变化吗？请把您的观察、感受、思考记录下来吧！

活动延伸
1. 在家里模拟工作场景中的角色互换，孩子担任家长在工作中的角色，家长担任自己的领导或下属的角色，可以增进家长对工作中领导或下属角色的理解。 2. 在家里模拟学校场景的角色互换，孩子担任教师角色，家长担任学生角色，可以增进孩子对教师角色的理解。

效果评估

做完本篇活动，效果如何，请对照评估一下吧！

评估维度	描　述	改善明显	有一定改善	改善不明显
家长能力	您能挖掘出孩子身上更多的优点吗？			
	您能接纳孩子的不足和不同吗？			
	您更理解孩子了吗？			
家庭关系	您与家人的关系更亲密了吗？			
	家人比以前更乐于和您交流吗？			
	您家的家庭氛围更轻松、和谐吗？			
孩子变化	孩子对自己有更正面的认识了吗？			
	孩子更理解家长了吗？			

家庭环境篇

良好的家庭环境在孩子成长过程中发挥着重要作用。家长要根据孩子成长需要，和孩子一起营造干净、整洁、有序的生活环境，创设安静的、适合读书思考的学习环境，让美的环境滋养心灵、启迪智慧。

初中生正处于青春期，对家庭环境的反应更敏感。本篇六个活动主要围绕上述任务展开，旨在帮助家长打造良好的家居环境，在潜移默化中影响孩子的心灵，对其终生发展产生积极的影响。

小测验

下列哪些描述与您的情况相符，请在“判断”框内打“√”。

序号	题目	判断
1	我每天收拾房间，家里环境整洁有序。	
2	孩子有独立的学习空间。	
3	我允许孩子按照自己的喜好布置他的房间。	
4	孩子经常参与并承担固定的家务劳动。	
5	我们家人一起养护花卉绿植。	
6	我家时常根据需要添置新家具、装饰、书籍等。	
7	我家时常清理不用的物品，简化生活空间。	
7	我家的字画、装饰品是按照家人共同的审美精心挑选的。	
8	孩子学习时，我们能给孩子创设安静的学习环境。	
9	我和家人一起制定了网络使用公约。	
10	我和家人能互相监督、共同遵守网络使用公约。	

结果解释

8~10个“√”，表示您的家庭环境状况良好，请继续保持。

4~7个“√”，表示您的家庭环境有进步的空间。

1~3个“√”，表示您的家庭环境需要改善。

活动一：布置主题房间

进入初中后，孩子逐渐变得有主见，对自己的生活空间有更多的掌控欲，渴望按照自己的意愿布置房间。家长在力所能及的前提下，可以给孩子一定的权利或机会，满足孩子彰显自我的愿望，提升其自我管理能力。

活动目的

1. 满足孩子拥有独立空间的合理需求，让孩子感受到被尊重、被支持。
2. 允许孩子发现和培养兴趣爱好，提高自主管理能力。
3. 通过管理、整理房间，培养孩子的责任感和主人翁意识。

活动准备

物质准备：购买装饰房间的物品，如字画、挂件等；手工制作所需的材料，如卡纸、工具等。

知识准备：阅读《学会陪伴学会爱：家长学堂（八年级）》第29课“把家庭变成思维创新的主场”。以下简要摘录部分内容。

初中正是孩子身体和思维发展的高峰期，一方面他们的生理和心理都发生着显著变化，感知能力、记忆能力、逻辑思维能力增强，自我意识迅速发展，有较强的成人感，渴望得到尊重，希望拥有独立的生活学习空间，并能按照自己的意愿布局或打造；另一方面由于受年龄、知识、阅历和家庭环境等因素影响，看问题有局限，考虑不全面，且情绪自控能力不足，容易偏激。所以在家庭生活中，家长应该尊重并满足孩子的合理需求，培养其兴趣爱好，时时留心并抓住机会对孩子进行自主管理能力、解决问题能力以及思维创新能力的培养，营造有利于孩子思考、探索和思维创新的空间，鼓励孩子敢想、善想，为孩子提供体验和表现的机会，充分发挥孩子的主动性，让孩子感到被尊重，培养孩子的主人翁责任感，让家庭成为创新思维的主战场。

配套图文：手机端下载“家长空间”App，搜索文字“在家庭中也可以进行思维创新”即可免费阅读。

活动流程			
步　骤	方　法	要点提示	记录孩子表现
步骤1：态度支持	向孩子表明态度：允许孩子布置符合其个性的房间。结合家庭实际情况，给孩子一个合理的预算空间。	表态要明确。限定条件只提最关键的，如预算等，尽量给孩子最大的自由度。	
步骤2：设计规划	和孩子讨论其意愿和需求，明确房间设计的目标和标准，如主题风格、色调、材料、兼顾安全与舒适等，和孩子一起做好前期规划。 当家长和孩子有不同意见时，只要不涉及原则性问题，如安全、预算等，尽量以孩子的意见为主。	可以用“五个一”引导孩子进行结构化思考，如确定一个主题、主选一种色调、选择一幅画、确定一句座右铭、选择一张书桌。	
步骤3：材料选购	和孩子一起通过上网查询、考察家居市场等途径，查找资料、参考样板、确定样品等，帮助孩子准备原材料及工具，比较所需购置的物品的价格、质量等。有条件的也可以亲子一起动手制作某些物品。	家长可以给孩子传授一定的购物指南，然后放手让孩子自己购买原材料及所需物品，锻炼其分析、决策能力。	

步骤4：装饰行动	装饰房间时应以孩子为主，家长可以给予适当帮助，适时提供建议。如和孩子一起挂装饰画、一起组装新书桌的时候，要让孩子思考怎么做，并给予配合，不要直接告诉孩子应该怎样做。当孩子遇到困难求助时，再提供线索启发孩子。	家长是辅助角色，不可代替孩子的主体地位，更不能强硬干涉或指责。	
步骤5：总结反思	工作完成后，引导孩子回顾整个过程，总结经验收获。肯定孩子的劳动成果及过程中的优良表现，如考虑问题更加全面、善于思考、善于分析、沟通能力增强、吃苦耐劳等。	可以与孩子一起制定房间卫生公约，让这份美丽与整洁保持下去，同时引导孩子形成良好的卫生习惯。	

活动反思
实施该活动后，孩子在动手动脑等方面有了哪些长进或变化？孩子对房间的卫生及管理更有主动性了吗？家长有哪些体验或收获？家庭成员间的关系有什么改变？请把这些记录下来吧！

活动延伸
可以让孩子参与设计整个家居环境的布置或装饰。

活动二：家务劳动我有责

家务劳动是锻炼孩子劳动能力、培养家庭责任感的重要途径。初中生已经具备了较强的动手能力，家长应引导孩子承担一定的家务劳动，如做饭、洗碗、拖地、整理物品等，让孩子在家务劳动中感受到父母的辛苦，学会体谅和感恩父母。

活动目的
1. 指导孩子做具体家务，在家务劳动中锻炼孩子的自理能力及吃苦耐劳的意志力。 2. 兼顾学习与做家务，提高孩子动手能力及独立解决问题的能力。 3. 引导孩子坚持承担某些家务劳动，培养孩子的劳动意识和责任感。
活动准备
物质准备：清洁用品、卫生工具、厨房用具等。 知识准备： 1. 通读2020年教育部印发的《大中小学劳动教育指导纲要（试行）》，了解初中阶段的劳动内容。 根据2020年教育部印发的《大中小学劳动教育指导纲要（试行）》，初中学生应该做到：（1）承担一定的家庭日常清洁、烹饪、家居美化等劳动，进一步培养生活自理能力和习惯，增强家庭责任意识；（2）适当体验劳动及传统工艺制作过程，尝试家用器具、家具、电器的简单修理，参与种植、养殖等生产活动，学习相关技术，形成初步的生涯规划意识。同时，中小学每周课外活动和家庭生活中的劳动时间不少于3小时。

2. 阅读《学会陪伴学会爱：家长学堂（七年级）》第24课“培养责任心，从小事做起”中的“从做家务开始，培养孩子的责任心”。以下简要摘录部分内容。

生活处处皆学问。有智慧的家长懂得让孩子在日常生活中习得解决问题的能力并树立责任意识。培养责任心，要从小事做起，如在劳动中经过反复的学习实践，就能慢慢内化于心外化于行，养成热爱劳动的好习惯，提高孩子的劳动意识和责任意识。

家长可以从做家务开始，让孩子在家庭中承担一些力所能及的家务，通过做家务培养其责任心，提高其动手能力。家长给孩子提供做家务的机会，会使孩子体验到价值感、获得感。孩子在劳动中体验，在劳动中感悟，从而学会独立，逐渐成长为一个负责任、有担当的人。

配套图文：手机端下载“家长空间”App，搜索文字“责任，从小事做起”即可免费阅读。

活动流程

步骤	方法	要点提示	记录孩子表现
步骤1：参与体验	带孩子做一次卫生大扫除，边做边交流，给孩子示范做家务的方法步骤，让孩子从体验中选择自己能胜任的家务劳动。	引导孩子从做家务中去感悟：家务劳动很重要，做家务是责任；做家务可能劳累，但也有收获和乐趣等。	

步骤2：任务标准	让孩子自主选择某项家务，如果孩子家务经验少，可以先鼓励孩子选择能胜任的简单任务，如扫地、倒垃圾或整理物品。劳动能力提高后再鼓励孩子尝试难度较大的家务，如做饭等。 确定完成任务的标准、每天做家务的时间段、任务期限（建议不要太长，一次任务完成后，再开始下一次）等。	可参考初中学段的劳动内容，经验不足时可以先从小学的任务开始，经验足够的话也可以提前挑战高中学段的部分任务。	
步骤3：示范引领	家长要以身作则、率先垂范，及时做好份内家务并适时提醒、监督孩子，帮助孩子坚持下去。提醒时以鼓励、信任为主，切不可打击或讽刺孩子。引导孩子制定进度表格贴在必看位置，每完成一项就打勾。 对孩子的良好表现要及时肯定，如“今天你的书桌整理得很有条理。”	家长的示范作用不可忽视，家长平时勤劳积极，做事有规律，不拖拉，孩子才能养成爱做家务的好习惯。 提醒孩子合理安排学习和家务时间，劳逸结合。	

步骤4：趣味比拼	举行家务劳动大比拼以增加趣味性，一位家长和孩子共同参与，另一位家长担任裁判。提前确定比赛任务和标准，如比拼各自打扫一定区域，规定时间内看谁收拾得既快又干净。	综合考虑任务量、打扫难度等，要基本公平，让参加比赛的家长和孩子共同认可，然后再抽签决定谁负责哪块区域。	
步骤5：总结鼓励	一轮家务劳动结束后，家长可以在家庭会议上总结，肯定孩子这段时间的表现，鼓励孩子分享自己的感受，引导家人分享对孩子成长变化的感受等。	要切实找到孩子的优点，评价和鼓励要针对具体行为，发自内心地给出评价。	

活动反思

实施该活动后，孩子乐意承担家务劳动了吗？对劳动的态度有什么变化？劳动积极性有所提高吗？孩子的动手能力及自理能力有所提高吗？您自身有哪些收获和成长？请把这些感受记录下来吧！

活动延伸

该活动还可以延伸到让孩子参与家庭事务管理等其他活动。

活动三：花卉绿植我养护

花卉绿植使家充满生机。和孩子一起在庭院或阳台种植花草、辛勤养护，不但能美化居室环境，还能培养孩子亲近、热爱生命的品质，同时让孩子体会到劳动的快乐，理解努力和坚持的价值所在。

活动目的
1. 指导孩子亲自种植喜欢的花草，提高孩子的动手动脑能力。 2. 改善家居环境，使家庭环境充满生机。 3. 在养护绿植的劳动中培养孩子亲近自然、热爱生命的品质。
活动准备
物质准备：花盆、花卉绿植种子或幼苗、泥土、肥料及相关工具。 知识准备： 1. 阅读有关花卉绿植养护方面的书籍，了解相关种植及护理知识。 为了提高孩子参与花卉绿植养护的积极性，家长需要了解一定的花卉绿植养护方面的知识，结合生活经验，在花卉绿植品种上给孩子适当建议，或者给孩子提供有关花卉绿植养护方面的书籍，或者上网查阅室内常见花卉绿植，如绿萝、吊兰、发财树、芦荟、常春藤、滴水观音的特点及培植方法，从而根据需求确定室内花卉绿植的品种，并帮助孩子了解种植及护理相关知识。

2. 阅读《学会陪伴学会爱：家长学堂（九年级）》第29课“让孩子参与家庭决策”。以下简要摘录部分内容。

美国心理学家马斯洛认为，尊重需要得到满足，能使孩子对自己充满信心，对生活充满热情。在家庭生活中，父母要懂得尊重孩子，倾听孩子的声音，重视孩子的意见和看法，经常让孩子参与家庭决策，积极为孩子创造敢于表达的空间。家长在养护花卉绿植这类家庭事务或决策上征询孩子意见，并对孩子提出的合理化建议积极采纳，既能让孩子感受到被尊重，又能够增强其成就感，提高其参与的积极性。经常参与家庭决策，对孩子的健康成长有很多好处，如有利于孩子在生活中充满自信，有利于孩子形成独立思考、积极向上的人格，有利于家庭中形成民主、平等、和谐的家风，从而使孩子终生受益。

活动流程

步　骤	方　法	要点提示	记录孩子表现
步骤1：赏花草，培兴趣	调动孩子种植花卉绿植的积极性，如带领孩子游览植物园，去花店体验插花艺术，在装潢公司网页感受小盆栽的艺术性等。	可以引导但不要逼迫孩子，最好在游览过程中点拨影响孩子，由孩子主动提出种植花卉绿植的愿望。	

步骤2：选品种，知习性	家长和孩子一起选择种植花卉绿植的种类，可以从简单的多肉开始，逐渐增加品种，也可以是盆栽辣椒等可食用蔬菜。 和孩子一起上网查阅拟种植花卉绿植的习性，掌握浇水、施肥、养护等相关知识，采购花盆、土、化肥、农药及种植工具铲子等。	鼓励孩子主动了解相关植物的知识，了解花卉生长习性，如几天浇一次水、喜阴还是喜阳等，充分发挥孩子的自主性。	
步骤3：同参与，共管理	栽种花卉绿植并制订养护计划。家长和孩子一起参与花卉绿植的管理，定期浇水、施肥等。遇到问题，如种子没有按期萌芽、叶子枯萎、遭受病虫害等，家长要鼓励孩子查找问题原因及解决办法，必要时给予具体的技术指导，但尽量让孩子动手实施。	家长既要做孩子的引领人，如支持孩子大胆动手动脑实践，也要做好孩子的后盾，如提供必要支持帮助孩子解决问题。	

步骤4：善评价，勤分享	经常和家人一起分享、欣赏孩子的劳动成果，让孩子感受到更多的自豪感和成就感，提升孩子的劳动积极性。 要善于观察孩子劳动过程中的积极表现，善于发现孩子的每一个优良品质，及时给予肯定和鼓励。	对孩子的评价要具体、中肯。例如，“又长出新叶子了，你把吊兰照顾得很棒呀！”“开的花真美呀，这是你努力后的收获。”可参考本书活动“赞美我宝贝”介绍的评价方法。	
步骤5：贵坚持，悟生命	引导孩子不断发现生命的美好，如拍照记录花朵从含苞到盛开的过程及变化。 和孩子一起讨论分享对生命的感悟。如通过观察花卉绿植的生长过程，学会尊重生命成长的规律，在花朵凋零时引导孩子理解生命进程，在花开花落中理解生命轮回，引导孩子珍惜生命、感悟生命。	孩子平时可能对抽象的生命教育不太敏感，养护花卉绿植是具体可感知的活动，家长要善于通过本活动挖掘生命教育的内容。	

活动反思
实施该活动后，家居环境有所改善吗？家人的状态有什么变化？孩子能否主动积极参与绿植的管理和修护？您自身有哪些成长？请把这些记录下来吧！

活动延伸
1. 有条件的家庭可以带孩子参与农场管理、作物种植的活动。 2. 如果孩子喜欢，也可以通过养宠物、照顾宠物培养孩子的爱心与责任心。

活动四：做加法，做减法

定期改善家居环境，能给人带来新鲜感，陶冶人的情操，怡情又怡志。家长可以带领孩子检视家中物品：缺少的尽快购置，多余的及时清理，暂时不用的收纳整理。一起做加法、做减法，不但改善家庭环境，还能帮孩子学会取舍、树立规划意识。

活动目的

1. 指导孩子学会收纳及清理物品，提高生活能力，改善家庭环境。
2. 让孩子决定取舍，培养孩子的主人翁意识，增强家庭责任感。
3. 指导孩子归类整理家居物品，培养孩子的规划及规则意识。

活动准备

物质准备：纸、笔、备忘录等记录工具，收纳箱等收纳工具。

知识准备：阅读《学会陪伴学会爱：家长学堂（九年级）》第29课“让孩子参与家庭决策”。以下简要摘录部分内容。

在家庭事务中，要让孩子多参与家庭决策，在改善家居环境方面要征求和尊重孩子的意见。家长从“话语权”上尊重孩子，鼓励孩子勤于思考，善于表达，敢于动手。在添置日用品时，主动征求孩子的建议，鼓励孩子说出真实想法，重视孩子的合理化建议。家长要放下身段，平等地和孩子沟通交流，为孩子营造一个民主平等的家庭氛围。肯定孩子“爱思考”“有主见”等优秀品质，既有利于构建和谐亲密的亲子关系，又能培养孩子的生活能力和责任心，在潜移默化中塑造孩子的性格和品德。

家长要具备一定的专业知识，如懂得档案归纳整理和垃圾分类知识等可以引导孩子学会归类、收纳、整理物品，有助于帮助孩子学会取舍，懂得规划。

活动流程			
步　骤	方　法	要点提示	记录孩子表现
步骤1：审视物品	和孩子一起，以参观者的视角重新审视家中的物品，商讨其使用价值。孩子不了解的物品，如厨具、卫生用具等，家长要做好介绍。	关键是换个身份、换个视角看生活。	
步骤2：讨论取舍	和孩子一起探讨家中需要添加什么、清理什么。重要的是说清取舍的理由，可以从家规、价值观、生活情趣、实用方便等角度考虑。 对孩子可能产生的恋旧、浪费等行为适时引导。	如果孩子过于恋旧，什么都不想扔，引导孩子“有舍才有得”“扔掉包袱才能轻装上阵”，但不可替孩子做决定。如果孩子过于浪费，文具用品半成新就想扔掉，要适时制止和支招，如建议交换使用等。	

步骤3：购置新品	需要购置的生活用品可以带领孩子一起购买，让孩子体验生活，了解品牌、物价、产品性能等。	在力所能及的情况下注重孩子生活情趣的培养，如一起采购鱼缸、鱼苗、小乌龟等，让小动物陪孩子一起成长。还可参考活动三养护花卉绿植。	
步骤4：处理旧物	把需要清理的物品列好清单，合理安排去向。例如，对有可用价值的衣物、书籍等可以鼓励孩子进行捐赠；废弃的纸张、箱子整理回收；旧电池等电子废品单独处理。 鼓励孩子探索节约小窍门、变废为宝，如用卫生纸筒做笔筒，既提高孩子动手能力，同时教育孩子勤俭节约。 将有纪念意义的物品、文字记录等归类整理，妥善保管。	让孩子了解贫困山区同龄人生活的不易，孩子通过参与互帮互助的爱心捐赠活动，增强社会责任感。 适时普及垃圾分类知识，培养孩子低碳环保、绿色生活的良好习惯。	

步骤5：旧家新颜	在告别旧物、添置新品之后，和孩子一起将家中物品重新整理、收纳、摆放，感受家的简洁明快。	家庭环境需要长期管理、动态变化，这样才能为孩子提供最有利的生活学习环境。	

活动反思

实施该活动后，孩子学会整理归纳物品了吗？动手能力和自理能力有所提高吗？家居环境有什么变化？您自身有哪些成长？请把这些感受记录下来吧！

活动延伸

1. 该活动还可以延伸到提供家庭事务决策等培养孩子的参与意识。
2. 该活动还可以和“布置主题房间”结合起来一起做。

活动五：家庭飘满书香气

用能展现家庭文化的物品精心装饰家居环境，如体现家人价值观的字画、符合家人审美的墙绘、让人感觉温馨的贴纸、实用有创意的书架书柜等使家庭充满书香气息，形成浓厚的、积极的家庭文化氛围，让孩子在潜移默化中得到润泽和成长。

活动目的
1. 增强家庭的书香文化氛围，给孩子创设良好的文化环境，熏陶感染孩子，提高孩子的文化素养。 2. 让孩子有决定权参与具体的装饰活动，培养孩子的主人翁意识，锻炼孩子的动手能力。
活动准备
物质准备：能使家庭文化外显的物品，如字画、贴纸、挂件、书架等。 知识准备：阅读《学会陪伴学会爱：家长学堂（九年级）》第40课“家校共读，凝聚共识”。以下简要摘录部分内容。 家长要引导孩子养成好读书、读好书的习惯，要在家居装饰等环境方面创设氛围，让孩子在潜移默化中受到影响。通过营造浓郁的阅读氛围，激发孩子的阅读兴趣。兴趣是阅读的内在驱动力，也是最好的老师，要提升孩子的阅读兴趣，就要有良好的阅读氛围。家长闲暇之余认真捧读书籍，孩子在飘满书香的氛围中就会对书情有独钟。同时家长要给孩子创设一个安静的读书环境，在家居装饰上，选择有文化气息的字画张贴，摆放适合孩子阅读的书籍，让孩子的卧室就是书房，引导孩子养成自觉读书学习的好习惯。

<table>
<tr><td colspan="4">家长应了解家居装饰方面的一些常识，比如书房的位置、采光及布局，房间壁纸的色彩及透气性，房间角落空间的充分利用及设计，以便在和孩子沟通交流时能更好地指导孩子。</td></tr>
<tr><th colspan="4">活动流程</th></tr>
<tr><th>步　骤</th><th>方　法</th><th>要点提示</th><th>记录孩子表现</th></tr>
<tr><td>步骤1：
沟通交流，
确定主题</td><td>与孩子沟通，表达各自的想法，确定家庭文化主题，如道德、和谐、静心等。</td><td>结合家风家训，选择贴合家庭实际的文化因子。
可以借此机会多了解中国传统文化。</td><td></td></tr>
<tr><td>步骤2：
共同准备，
探索创新</td><td>和孩子一起动手准备，孩子如有书法、绘画、摄影等特长，要鼓励孩子自己创作满意的作品展现家庭文化。还可以与孩子一起选择相关主题DIY手工材料，做布贴画、钻石画、十字绣、模型组装等。
鼓励孩子探索新领域，用PS等软件尝试设计家庭文化海报。</td><td>先自己准备，再购买成品。孩子的作品代表着孩子的阶段性成长，作品可以不时更换。
孩子自己准备的过程也是孩子与自己对话、与家庭对话的过程，有助于提高孩子的动手能力，培养其对家庭的归属感和认同感。</td><td></td></tr>
</table>

	与孩子商量，可以根据需要购买情趣高雅、有文化内蕴的字画装裱、花瓶摆件等。	如需购置装饰品，一定要注意与家风家训、情趣爱好相统一，并且在价格上符合家庭经济状况。	
步骤3：摆放布置，合理布局	和孩子商讨物品的放置问题。悬挂字画、摆放模型、安置花瓶瓷器等要考虑防晒、防潮、防摔等因素，也要顾及整体布局，做到实用美观。	家长要引导孩子掌握一定的生活知识和技能，并了解其文化内涵。	
步骤4：讨论评价，展示分享	物品合理摆放后要及时给予评价，特别是孩子的作品，要真诚地给予肯定，用拍照、录小视频等形式记录，认可孩子的能力与想法。还可通过发朋友圈、在家族群展示等渠道，帮助孩子获得成就感，鼓励孩子继续努力，培养孩子的自信心。	家庭成员间坦诚相待，不要当面夸、背后损。 发朋友圈、在家族群展示等要征得孩子同意，尊重孩子的感受和意愿。	

步骤5：常变常新，与时俱进	随着孩子成长，能力提高，想法爱好也可能会改变，家长的品味也可能随着时间而提升，可以不断更新家庭文化的可视化元素，提升家庭文化品质。	青春期孩子处在自我探索期，经常改变想法爱好是正常的。家长要理解接纳，不要过多指责，在条件允许的前提下满足孩子的愿望。	

活动反思

实施该活动后，孩子对家规家训等文化是否有了更深的理解？在行为习惯上有什么变化？您自身有哪些成长？请把这些感受记录下来吧！

活动延伸

1. 该活动可以用于目标（人生目标、年度目标、重要单项目标）的可视化。

2. 该活动也可以用制作愿景板的方式呈现。

活动六：网络使用我有约

当下，网络已成为生活中不可或缺的元素。网络既蕴藏着丰富的资源，也充斥着诱惑和真假难辨的信息。初中生对事物的辨别力不够、自制力不强，如果网络使用不当，容易被诱惑或虚假信息带入歧途。家长应与孩子一起制定上网规则，引导孩子学会合理适度用网，提升孩子的网络素养。

活动目的
1. 帮孩子养成科学的用网习惯。 2. 培养孩子的自控力，使其合理使用手机等。 3. 促使亲子加强沟通、增进理解。
活动准备
物质准备：纸张、书写工具、绘画工具等。 知识准备： 1. 查阅并了解网络的双面性，让孩子知道沉湎网络的坏处。 网络是一把双刃剑，能使人享受到信息技术带来的便捷、愉悦，也能使人沉溺其中不能自拔。生活中，很多孩子沉迷于手机网络，严重影响了其身心健康。 2. 阅读《学会陪伴学会爱：家长学堂（八年级）》第31课“用情感将孩子从手机中拉回来”。以下简要摘录部分内容。 家长如要拉回迷失在网络世界中的孩子，就必须做好表率，多陪伴孩子，用情感将孩子拉回到现实中来。首先要分析孩子迷恋手机的原因，然后对症下药，家长要先做出改变，尽到父母应尽的陪伴和教育责任。其次要制定家庭规则，做好时空管理。与孩子共同制定家庭网络使用规则，明确全家人都必须遵守规则，并将规则书面化，

张贴在显眼处，随时警醒全家人。要适时奖惩，当孩子遵守约定时，要及时给予奖励，若没有遵守约定，就要承担违约责任。要清晰地指出孩子需要改进的行为，规则越具体明确，越容易执行。

配套视频：手机端下载“家长空间”App，搜索文字“用情感将孩子从手机中拉回”即可免费观看。

活动流程

步 骤	方 法	要点提示	记录孩子表现
步骤1：沟通了解，记录排序	与孩子聊一聊他平时喜欢在网上做些什么，了解其上网习惯和兴趣点所在。 将孩子的网络兴趣点按喜好程度排序，如网络游戏、聊天吐槽、追剧读小说、看抖音刷信息、查找资料等。	让孩子明白，家长是出于体验孩子生活、减少代沟的目的沟通，家长要站在孩子的角度理解，不要全盘否定指责孩子的网络娱乐喜好。	
步骤2：陪伴体验，共情共鸣	按照孩子的喜好，尝试陪孩子一起娱乐，如陪孩子玩游戏、看综艺，了解孩子喜欢的明星等。	了解才有发言权，以平等的立场参与孩子的生活，寻找双方能够沟通交流的切入点，“求同存异”。	

步骤3：辩证分析，形成共识	与孩子交流体会，各自表达对网络内容的看法，肯定其合理之处，如某位艺人刻苦努力的励志经历，某些网络剧的历史深度，某些游戏对反应速度的锻炼等。 同时提醒孩子娱乐的消极面，如盈利的商业化目的、包装的假象、爽文套路等引人上瘾的潜在可能，引导孩子意识到制定网络使用公约的必要性。	鼓励孩子表达自己的看法，引导孩子理性看待网络的双面性。 让孩子认识到作为学生应以学业为重，娱乐应适度、自主，为制定公约奠定基础。	
步骤4：制定规则，张贴落实	与孩子一起制定网络使用公约，逐条确定内容，如每次使用最大时长、每天使用总时长及时间段、每周游戏时间、限定的上网内容、使用后要做眼保健操或某项运动、违约条款等。 内容确定后鼓励孩子设计公约形式，如字体形状、插图装饰等，然后共同签字，张贴在家中显眼处。	公约中也要有约束家长的条款，除了必要的工作之用，对每周游戏时长、娱乐时长等给予限定，起带头作用。 共同签字，严肃而不失诙谐，强化仪式感会有利于对公约的遵守。	

步骤5：合理评价，以身示范	家长要以身示范，带头遵守公约，接受孩子的监督。 关注孩子的履约情况，当孩子沉迷于网络时要及时提醒，如“你已经连续玩了15分钟，只剩5分钟了”。孩子坚持一段时间后要鼓励表扬，如“这周很有自控力，每次都按时守约，为你点赞。”违反公约要引导孩子反思并接受既定惩罚，如“今天明显超时了，说说怎么补偿吧。”	孩子刚开始可能有守约的热情，但时间长了会慢慢淡忘，家长要及时提醒。 灵活变通，如因为一局游戏的固定时间多了10分钟，下次是否应相应缩短。有冲突时与孩子沟通解决，合理完善公约，不要因小矛盾激化导致孩子逆反，从而影响公约的落实。	

活动反思

实施该活动后，孩子对手机或电脑的依赖程度有没有改善？其自控意识有所提高吗？亲子关系有什么变化？请把这些感受记录下来吧！

活动延伸

该活动还可以延伸到让孩子参与制定家规等其他决策活动。

效果评估

做完本篇活动，效果如何，请对照下表评估一下吧！

评估维度	描述	改善明显	有一定改善	改善不明显
家长能力	您和孩子对重新布置的房间满意吗？			
	您家确立了行之有效的网络使用规则了吗？			
家庭环境	家庭文化比以前更具体化了吗？			
	您家里的物品摆放更整洁有序了吗？			
	您家的花卉绿植一派生机盎然吗？			
孩子变化	孩子在家庭中的责任意识增强了吗？			
	孩子参与家务劳动的主动性、积极性提高了吗？			
	孩子对家风、家训、家规理解得更好了吗？			

品行塑造篇

良好的品行是孩子被社会接纳、在社会立足的基础。有的家长只关心孩子身体健康和智力开发，却忽视了品行教育。“等孩子长大懂事了，再教育也不晚。”这种错误观念不利于孩子的心理成长及行为习惯的养成。

初中生在道德品质和行为习惯方面可塑性强，家长可以通过一些亲子活动培养孩子良好的品行。如通过挖掘榜样的力量培养孩子正确的“明星偶像观”；通过与孩子制定同伴交往指南，培养其良好的交往品质；通过“小鬼当家”一天、我做班级义工、交通规则竞赛、点赞《新闻联播》，培养孩子的家庭责任意识、集体奉献精神、规则意识和家国情怀等。

小测验

下列哪些描述与您的情况相符，请在“判断”框内打“√”。

序号	题目	判断
1	我能引导孩子找到人生榜样，激励其今后的学习生活。	
2	在与人交往方面，孩子乐于听取我的意见或建议。	
3	我时常引导孩子与同伴相处时要积极、乐观、豁达。	
4	我能引导孩子乐于参与到家庭事务中。	
5	我和孩子讨论过做义工的意义。	
6	我有时和孩子一起做义工，培养其奉献精神。	
7	我注重引导孩子遵纪守法。	
8	我和孩子在生活中都遵守交通规则。	
9	我经常和孩子一起观看新闻联播。	
10	我经常和孩子交流国家大事，培养家国情怀。	

结果解释

8~10个“√”，表示您在孩子品行塑造方面做得较好，请继续保持。

4~7个“√”，表示您在孩子品行塑造方面做得一般，有提升的空间。

1~3个“√”，表示您在孩子品行塑造方面有待提升。

活动一：挖掘榜样力量

有的孩子将娱乐明星作为自己的偶像盲目崇拜，做出不理智的追星行为，不利于健康人格的形成。家长要正确看待孩子崇拜偶像的行为，引导孩子结合自己的个性特长、兴趣爱好等寻找积极的人生榜样，为人生发展提供精神动力。

活动目的
1. 通过相互分享榜样人物，帮助孩子全面认识娱乐明星，形成正确的偶像观、人生观、价值观。 2. 通过互相激励，让榜样人物成为父母和孩子人生发展中的精神动力。
活动准备
物质准备：电脑、纸、笔等工具。 知识准备：阅读《学会陪伴学会爱：家长学堂（七年级）》第9课“崇拜偶像，做好自己”，和孩子一起认识偶像崇拜的积极作用。以下简要摘录部分内容。 社会学习理论认为，榜样对青少年成长能产生深远的影响，模仿和学习榜样的行为与品质对帮助人们获得适当社会技巧、习得新的道德认识和道德行为习惯、产生利他行为等具有重要作用。 榜样是时代精神的精华。榜样能够激发人的内在潜力，激励人的奋斗激情，有助于提升个人的精神境界，更有助于个人理想和目标的实现。青少年时期是一个充满生机、活力，又充满矛盾的阶段。青少年在选择榜样的时候，易受到功利、浮躁、短视等社会风气的影响，所以要帮助孩子结合时代特点科学合理地选择榜样，为青少年的身心健康发展提供有益的生活指导。 配套音频：手机端下载“家长空间”App，搜索文字“正确看待孩子崇拜偶像的行为”即可免费收听。

活动流程			
步　骤	方　法	要点提示	记录孩子表现
步骤1：谈话约定	和孩子约个时间，聊一聊各自的偶像，双方坦诚交流，说明自己所崇拜的榜样身上的品质。 可以上网搜集榜样的事迹，为活动的进行做好准备。	所崇拜的人物可以是明星、偶像、身边的榜样人物等。 如有必要，商定需要多长时间准备，准备好后再交流。	
步骤2：寻找榜样	家长和孩子寻找、确定各自的榜样人物，用纸笔记录要学习的方面。如家长可以结合自己的工作目标和家庭目标，记录榜样人物为自己提供动力的方面；孩子结合自己的人生规划、学习目标，记录榜样人物为自己提供动力的方面。	家长要提前准备、态度认真，和孩子共同见证所记录的内容并保存好，增强活动的仪式感，让孩子感到有意义。	

步骤3：家长分享	家长向孩子介绍自己崇拜的人物及其事迹，分享崇拜的原因。 家长尽量说清楚自己寻找榜样的过程。如果换过崇拜对象，更要和孩子说明原因。耐心、真诚地回答孩子的追问。	这一步起到示范作用，同时给孩子时间准备，帮助孩子寻找榜样。 家长要坦诚、自然，用平等的态度交流，避免让孩子产生“被教训”的感觉；家长如果走过弯路，没有必要隐瞒，这反而是很好的教育资源。	
步骤4：孩子分享	引导孩子介绍他崇拜的人物及事迹，并分享崇拜的原因。 家长要肯定孩子崇拜的人物身上的闪光点、正能量，尽可能地理解孩子的选择。同时，也可以结合孩子的个性特长、兴趣爱好，引导孩子认识了解其他有正能量的榜样人物，如感动中国人物、行业领军人物等，更好地指引孩子的方向。	在孩子说时，家长要耐心倾听，先不要急着做评判。 如果孩子盲目崇拜（如对偶像的了解比较片面，不接受自己心中的偶像有瑕疵），家长要在尊重的前提下因势利导，寻找有正能量的榜样人物，不要“压服”。	

步骤5：互相激励	家长定期与孩子一起分享榜样带给双方的力量，如在遇到挫折时榜样人物的品质及智慧给予的启发，再如榜样人物对培养良好习惯、品质（如毅力与恒心等）的帮助。	本活动应该是长期的心灵之旅，为人生发展提供精神动力。	
活动反思			
实施该活动后，孩子是否能更全面地认识自己的榜样了？孩子是否能以榜样激励自己？您自身有哪些成长？请把这些感受记录下来吧！			
活动延伸			
1. 在活动过程中，可以引导孩子画兴趣、能力、价值交集的思维导图，让孩子在榜样力量的激励下规划自己的生涯。 2. 引导孩子把优质榜样的形象纳入“梦想板”“追梦之旅”手册（见活动“制作梦想板”）。			

活动二：同伴交往指南

进入青春期后，同伴关系对孩子越来越重要了。青春期的友谊是真挚的，也是脆弱的。孩子在交往中如果有以自我为中心、嫉妒、不包容等不良心理，就容易与同伴发生矛盾，陷入痛苦迷茫。家长可以和孩子制定一份同伴交往指南，帮助孩子塑造良好的交往品行，营造和谐的人际交往氛围。

活动目的
1. 了解孩子的同伴交往情况，帮助孩子正确认识同伴关系，处理好人际关系。 2. 通过制定指南指导同伴交往，与孩子一起培养积极乐观、豁达的人生态度和处事方式。
活动准备
物质准备：纸、笔等工具。 知识准备： 1. 通过上网查找等方式，与孩子一起学习“反思复盘”的相关知识。 反思，是换一个视角，可能是旁观者视角，可能是更高的上帝视角，在系统层面重新去理解自己的所作所为。复盘一词来源于棋类游戏，就是把当时“走”的过程重复多遍，并且主动思考为什么这么“走”，下一步应该如何设计，接下来的几步该怎么走。 如何反思复盘？ （1）回顾目标：清晰、明确、共同的目标为我们树立了评估结果、分析差异的基准。 （2）评估结果：回想实际的过程，对照目标，看看哪些地方做得好，哪些地方有待改进，找到值得深入挖掘的点。

（3）分析原因：对于差异，深入分析，找到根因，发现真正起作用的关键点，是学习的重要一环。

（4）总结经验：基于差异分析，可以找出利弊得失，从中得到经验教训以及改善建议。

2. 阅读《学会陪伴学会爱：家长学堂（八年级）》第3课“会共情，人际关系更和谐”相关内容，与孩子共同认识与同伴交往的重要性，并提高相处的技巧。以下简要摘录部分内容。

引导孩子学会换位思考。如果家长溺爱孩子，孩子往往不在乎别人的感受。家长应该引导孩子运用换位思考的方法来强化共情。比如，当孩子与人发生冲突，难以理解别人的时候，我们可以问孩子：“如果你是他，你心里是什么感受？你会怎么想？”或者问：“如果你是他，你希望别人怎么对待你呢？”特别是当孩子没有意识到自己的行为会对别人产生不良影响的时候，我们可以问孩子：“如果别人这样对待你，你会有什么感受呢？”比如冬天天冷路滑，有同学摔倒了，孩子却嘲笑他，这时我们可以问：“如果你摔倒了，你希望别人来扶你，还是在旁边笑你呢？”相信用这样的方法多练习，孩子的共情能力一定会不断提高。

配套音频：手机端下载“家长空间”App，搜索文字“会共情的孩子人际更和谐”即可免费收听。

活动流程			
步　骤	方　法	要点提示	记录孩子表现
步骤1：吐露心扉	抽时间和孩子聊一聊近期的同伴（同事）交往情况： 家长先和孩子交流自己的情况，如：“对同事，我在理解他人情绪方面有问题，有一次同事情绪不好，我还在开她的玩笑。”	先商定一个双方都愿意交流的时间，并规划好用时多长。	

	孩子交流自己和同伴的相处情况，如：“对同学，我在合作方面有问题，有一次同学有难题问我，我没有给他讲题，怕他会超过我。”	和孩子交流时，家长要耐心倾听，不要随意发表负面评论。	
步骤2：换位思考	先让孩子站在家长同事的立场上，设身处地说感受，如：“在我心情不好的时候，你还对我这样开玩笑，我觉得你是在幸灾乐祸，这让我很伤心。” 然后家长站在孩子同学的立场上，设身处地说感受，如：“作为你的好朋友，当我遇到不会做的题目向你请教的时候，你不帮我，我觉得你并不关心我。”	家长用平等的心态和孩子交流，不要一味地批评孩子，家长要针对孩子交往情况因势利导。 步骤1和步骤2可以这样划分：家长先吐露心扉，孩子角色扮演；孩子再吐露心扉，家长角色扮演。	

步骤3： 复盘改进	和孩子反思，假如再遇到这种情况，怎么做才能处理好同伴（同事）关系，如："再看到同事情绪不好，我会给她倒杯水，听她倾诉，理解她，安慰她，因为她需要理解和关心。""再碰到同学问我问题，我会乐于助人，处理好和同学的竞争与合作关系，因为每个人都需要得到帮助。"	这一步很关键。说出正确做法很重要，弄清这样做的原因更重要。	
步骤4： 商定指南	拿出提前准备的纸、笔，双方在纸上写出同伴交往指南：在____方面，我应该____，因为____。 例如：对待同伴（同事）的优点，我应该欣赏别人，拥有豁达的胸怀和气度，并不断学习，弥补自己的不足，因为每个人都需要被肯定、被欣赏，而我也需要学习别人的优点。	家长要以身示范，态度认真，和孩子共同记录，写出同伴关系指南，并保存好。可参考《78个打动人心的说话技巧》。	

步骤5：落实提升	定期和孩子一起分享，对待同伴（同事）关系，自己做到了什么，还可以在哪些方面不断提升。分享中要相互激励。	经常总结自己与他人交往时的成功做法，不断完善交往指南。	
活动反思			
实施该活动后，孩子与同伴的交往有什么变化？您自身有哪些收获？请把这些感受记录下来吧！			
活动延伸			
1. 反思复盘的方法可以用于个人成长的很多方面，比如对自己做的事、组织的活动进行复盘等。 2. 吐露心扉的步骤可以了解孩子有无“同伴压力”（阅读边玉芳所著《读懂孩子：心理学家实用教子宝典（12~18岁）》一书），在商定指南的步骤中，帮助孩子掌握一定的拒绝技巧。			

活动三："小鬼当家"一天

有的家长对孩子的事情过于包办，替孩子做所有的决定，自认为把所有的爱都给了孩子，实际上却剥夺了孩子主动承担责任、体验成长的机会。让孩子承担家庭事务，参与家庭决策，给予孩子话语权，尊重孩子，才有利于孩子形成独立思考、积极进取的人格。

活动目的
1. 通过孩子的当家行动，培养孩子的生活能力、参与意识与家庭责任感。 2. 通过与孩子的当家互动，营造相对民主和谐的家庭氛围。
活动准备
物质准备：纸、笔、必要的现金。 知识准备： 1. 阅读《大中小学劳动教育指导纲要（试行）》，与孩子一起学习劳动教育基本理念和内容。 劳动教育可发挥劳动的育人功能，对学生进行热爱劳动、热爱劳动人民的教育活动，要强化学生劳动观念，弘扬勤俭、奋斗、创新、奉献的劳动精神；强调全身心参与，手脑并用，亲历实际的劳动过程；将劳动观念和劳动精神教育贯穿人才培养全过程，贯穿家庭、学校、社会各方面，领悟劳动的意义价值。

在初中阶段，兼顾家政学习、校内外生产劳动、服务性劳动，安排劳动教育内容，开展职业启蒙教育，体会劳动创造美好生活，养成认真负责、吃苦耐劳的劳动品质和安全意识，增强公共服务意识和担当精神。让学生：（1）承担一定的家庭日常清洁、烹饪、家居美化等劳动，进一步培养生活自理能力和习惯，增强家庭责任意识；（2）定期开展校园包干区域保洁和美化，以及助残、敬老、扶弱等服务性劳动，初步形成对学校、社区负责任的态度和社会公德意识；（3）适当体验包括金工、木工、电工、陶艺、布艺等项目在内的劳动及传统工艺制作过程，尝试家用器具、家具、电器的简单修理，参与种植、养殖等生产活动，学习相关技术，获得初步的职业体验，形成初步的生涯规划意识。

2. 阅读《学会陪伴学会爱：家长学堂（九年级）》第29课“让孩子参与家庭决策”，与孩子一起学习参与家庭决策的重要作用及方法。摘录内容与家庭文化篇活动一“亲子家庭会议”同。

活动流程			
步　骤	方　法	要点提示	记录孩子表现
步骤1：商定时间	让孩子选择某一天体验“当家”角色。最好是周末或寒暑假、无重大决策事件、孩子状态良好、家长在家的时间。	参与时机、孩子的情绪状态，在很大程度上会影响孩子当家的效果。	

步骤2： 观摩学习	在孩子真正当家之前，家长从一些小事做起，教给孩子当家的方法。比如带孩子去超市，教孩子如何挑选菜和水果；再如让孩子观摩家长如何做菜，然后在家长的指导下尝试做菜。	如果孩子没有准备好，观摩学习就非常必要。	
步骤3： 准备工作	引导孩子列出一天的当家计划。做好任务分工：自己做什么，家长做什么；每一项工作用时多少；具体到当家的内容，如一日三餐、理财、购物、旅游、打扫卫生、布置家居、养护花卉、手机电脑的使用限制、走亲访友、读书学习等。 必要时家长和孩子一起准备所需物品。	孩子当家的基本原则就是，凡是在孩子能力范围之内，且有利于孩子身心健康发展的事，都可以放手给孩子。 并不是家庭中的任何事情都适合放手给孩子，因此家长要把握好分寸。	

步骤4： 付诸行动	孩子开启一天的当家行动。 当孩子遇到困难时，家长可以提出自己的想法供孩子参考，或者听从孩子的安排，为其提供适当帮助。	刚开始的时候，孩子可能还不太会当家，家长要在鼓励的基础上提供必要的帮助。 这时候需要特别注意的是，不要批评指责，也不要代替孩子做事。	
步骤5： 感激鼓励	在孩子当家过程中，家长对孩子的表现给予肯定，感谢孩子为家庭的付出，肯定孩子的做法，培养孩子的成就感。	及时肯定非常重要。可参考本书活动“赞美我宝贝”中的方法。	
步骤6： 总结感受	对照当家行动计划，家长和孩子一起总结完成情况，共同交流当家的感受。也可共同指出家庭生活中需改进的地方，如购买新的花卉绿植、定期探望亲人，共同营造舒服、有序的家庭生活氛围。	当家一天后的总结，更能提升孩子的家庭责任意识，所以家长千万别老拿孩子当小孩，别以为孩子什么都不懂。	

活动反思

实施该活动后，孩子是否在家庭生活中承担起了自己的责任？您的家庭教育理念有没有变化？请把这些感受记录下来吧！

活动延伸

1. 平日里的家庭事务决策也尽量邀请孩子参与，充分考虑孩子的意见，锻炼孩子的决策能力。

2. 在总结感受的步骤中，与孩子一起分析面对别人的意见时是否足够理性，并做出独立的判断。

活动四：我做班级义工

初中是培养孩子集体责任意识、奉献意识和劳动意识的关键时期，也是孩子锻炼实践能力、积累人生经验的黄金时期。这个阶段，孩子在校时间多，家长可以通过支持、引导孩子多参加在校义务劳动的方式，来培养这些意识和能力，为孩子的人生积累经验。

活动目的
1. 指导孩子结合自己情况找到适合的班级义工岗位，培养孩子的责任意识、奉献意识和劳动意识。 2. 通过在义工岗位的大展身手及总结反思，提升孩子的综合能力，为个人成长积累宝贵的人生经验。
活动准备
物质准备：日记本、笔。 知识准备：阅读《学会陪伴学会爱：家长学堂（七年级）》第40课“从值日中感悟到劳动的快乐”。以下简要摘录部分内容。 校园值日是让孩子学会劳动的一条重要途径……作为家长应多鼓励孩子积极参加学校的各种劳动，在劳动中养成不怕苦不怕累的良好品质，让孩子意识到世界是大家的，每个人都有参加劳动的义务和责任。家长要创造机会和孩子一起劳动，共同体验劳动的快乐。 通过值日不仅可以让孩子爱劳动、会劳动、学合作，还可以提升他们的责任意识和集体荣誉感。家长要跟老师积极沟通，相互协助，完善各种激励机制。针对做不做值日、值日做得好不好等情况，要奖罚分明，让孩子在缺席劳动后付出相应的代价，在内心的羞愧中自行改进，在实际值日生活中体验合作的快乐和成就感。

配套音频：手机端下载“家长空间”App，搜索文字“引导孩子做好值日”即可免费收听。

活动流程			
步　骤	方　法	要点提示	记录孩子表现
步骤1： 思想动员	找合适的时机，询问孩子对做班级义工的想法。 如果孩子不想参与，和孩子聊一聊原因。是不是怕自己做不好被指责？没时间？耽误学习？这时家长要跟孩子分析利弊，支持鼓励孩子参与。 如果孩子积极参与，信心十足，可以和孩子行动起来。	可以建议孩子准备一个记录本，记录今后的义工经历。 家长要充分做好预设，针对孩子对义工的态度，想好该如何引导孩子主动积极参与，如可从个人成长、锻炼能力、时间管理等角度劝解孩子。	
步骤2： 自我评估	家长和孩子一起查找适合的班级义工岗位，可从性格、兴趣、能力、学习成绩、发展需求等方面进行自我评估。班级义工岗位可以是值日生、值日组长、课代表、班干部等，从中选择适合的。	准确的自我评估是找到合适岗位的前提。 要从性格、兴趣、能力、学习成绩、发展需求等的交集中找合适的岗位。	

步骤3：充分准备	确定适合的班级义工岗位后，家长引导孩子制定目标，做好思想和行动准备，争取有机会成为班级义工。 如有必要，家长可以和孩子一起思考可能遇到的困难，并思考解决措施。 做好上述工作后，要模拟一下做班级义工。	目标引领很重要，模拟和充分考虑困难也很重要。总之，准备越充分，越能尽快进入角色。	
步骤4：大显身手	经过竞聘、教师选择或班级推荐成为班级义工后，引导孩子在班级中多观察、多学习，及时和老师沟通，承担起自己的责任，为班级做贡献，同时培养自己的其他品行，如沟通表达能力、自信的品质等。 家长在孩子后方多鼓励，多给予支持。	家长可以主动联系老师，了解孩子的学习和服务情况，和孩子交流时有的放矢。	

步骤5：兵来将挡	在做班级义工过程中，当孩子遇到困难时，如与学习时间有冲突、因为工作与同学发生矛盾等，家长应及时提供帮助：指导孩子要先分析问题的源头在哪里，逐步解决问题；告诉孩子实在解决不了问题，再寻求老师和家长的帮助，找到解决问题的最佳方式。	家长鼓励孩子做事要坚持原则，引导孩子学会时间管理，合理分配学习与做义工的精力。 告诉孩子，每一个困难都是成长的时机，每解决一个问题都代表着你的能力又提高了。	
步骤6：经验梳理	定期和孩子一起分享做义工的感受，如哪些能力有提升，自信心有没有增强，对学习帮助大小，如何做得更优秀等。 家长鼓励孩子将这些宝贵思考和经验写在义工记录本上，在反思中不断磨炼自己，在服务和奉献中提高个人品质和能力。	家长以身示范，结合自己的工作情况，和孩子分享自己的工作责任及经验。	

活动反思

实施该活动后，孩子有没有积极成为班级义工？孩子的集体生活责任意识是否增强？您自身是否有提高？请把这些感受记录下来吧！

活动延伸

1. 在班级义工竞选过程中，可以指导孩子准备一次竞选演讲。

2. 在经验梳理的步骤中，可以与孩子一起分析孩子的领导能力，如表达、说服、影响的能力。

活动五：交通规则竞赛

青春期的孩子冒险行为增多，自我保护意识和安全意识不够，不能很好地预测行为后果，是意外伤害的高发期。例如，青春期的孩子可能在过马路时更随心所欲，容易引发安全事故。所以家长要引导孩子掌握基本的交通安全常识，提高交通安全意识，培养自我保护能力，以知促行，遵守交通规则，健康成长。

活动目的			
1. 通过参与竞赛，家长和孩子共同检测交通安全常识。 2. 在日常外出活动中，引导孩子牢记必要的交通安全常识，提高出行安全意识。			
活动准备			
物质准备：交通安全方面的书籍、电脑、纸、笔，小奖品若干。			
活动流程			
步　骤	**方　法**	**要点提示**	**记录孩子表现**
步骤1：前期准备	家长与孩子一起上网搜集交通规则的相关知识，阅读交通安全方面的书籍，并进行分享，为竞赛做知识方面的准备。	竞赛的输赢不重要，重要的是促使家人更好地掌握交通安全知识。	

	家庭成员投票选出出题人兼监考员，其他家庭成员为参赛者。	需要多少复习准备时间，家人可共同商定。	
步骤2：拟定试题	家长和孩子一起设计“命题要求”，包含题目考查范围、考试时间、题型、题量、奖励措施等。 负责出题的家长根据“命题要求”独自出一份交通规则竞赛试题。可上网搜集相关题目，出题范围尽量贴合孩子的生活实际，并对试题保密。	考试时间不宜过长，试题类型可以是选择题、判断题或简答题，最后用A4纸打印出来。 奖励可以是提前准备的物品、一次外出购物的机会等，也可以是精神奖励，如对孩子说一句赞美的话。	
步骤3：竞赛开始	共同商定用一个周末或假期的时间竞赛答题。 监考员监考，做到公平公正。参赛者认真答题，态度端正。	家长在答题过程中，可以观察孩子的答题状态，作为了解孩子在学校中考试状态的机会。	

步骤4：总结奖励	监考员批阅竞赛试卷，算出分数。根据成绩情况做出适度的奖励。家长与孩子一起讨论出错题目，分析出错原因。	分数不是唯一评判是否遵守交通规则的依据，应引导孩子正确对待分数。	
步骤5：知行合一	引导孩子将掌握的交通规则常识用在日常交通通行中，做到知行合一。 家长和孩子定期总结自己遵守交通规则的情况，保障自己的交通安全，做一名遵规守法的行人。	家长以身示范，和孩子共同遵守交通规则。	

活动反思

实施该活动后，您和孩子对交通规则的认识更全面了吗？遵守交通规则的意识增强了吗？行为有改变吗？请把这些变化记录下来吧！

活动延伸

交通规则竞赛活动还可以延伸到网络规则知识竞赛，引导孩子掌握必要的网络规则，提高网络安全意识。

活动六：点赞《新闻联播》

爱国教育是价值观教育的重要组成部分。中学生正处于人生观、价值观形成的初始阶段，对国家、人民等宏观概念的理解还不够深入，对孩子的爱国主义教育正当其时。如何在家庭中进行爱国主义教育呢？观看《新闻联播》是很好的教育契机。

活动目的

1. 与孩子一起观看新闻，培养他的家国情怀，提升家国责任意识。
2. 在相互交流的过程中，引导孩子形成正确的价值观。

活动准备

物质准备：电视机或手机新闻类APP（如学习强国），笔记本、笔。

知识准备：阅读《学会陪伴学会爱：家长学堂（七年级）》第32课“国庆节，爱国主义培养好契机”。以下简要摘录部分内容。

越是具有开放格局和广阔视野的孩子，越是能够健康地发展。现在家长都希望孩子成才，而成才的第一步是要做一个有良好品行、爱国爱家的人。随着生活的日益富足，现在我们很多家长过于注重对孩子物质需求的满足，对于孩子的精神教育相对缺乏，造成一部分青少年娇生惯养，以自我为中心，缺少对国家、对家庭的责任感。这种教育让孩子的眼光局限于眼前的吃穿享乐上，看不到更广阔的世界，也无法确立更高远的学习动机。这也是不少青少年到中学阶段开始迷茫的原因，他们无法找到继续学习和努力奋斗的目标。

配套音频：手机端下载“家长空间”App，搜索文字“国庆节，爱国主义培养好契机”即可免费收听。

活动流程			
步　骤	方　法	要点提示	记录孩子表现
步骤1：看新闻	选取合适的时间，如晚饭后、周末、假期等，和孩子一起观看《新闻联播》。 每次观看《新闻联播》前家长提前组织好与孩子交流的言语，如“让我们一起看看今天有哪些值得点赞的新闻”，并明确观看《新闻联播》的意义何在。	观看《新闻联播》的意义，如新闻快捷、及时地报道了社会最新的动态，孩子同样是社会人，一起观看不让孩子与社会信息脱节；通过新闻了解社会，帮助孩子多角度看待人和世界；可以帮助孩子增加与同龄人的聊天话题等。	
步骤2：议内容	在观看过程中，家长和孩子针对新闻内容进行交流，为新闻、为国家点赞。 在交流过程中，引导孩子多表达，对孩子表达的积极、正面的观点给予肯定。在交流中调动孩子的情感因素，激发孩子的情感认同，培养孩子表达情感的能力。	家长评论的内容要传达正能量，所以家长也要提高自身的爱国主义素养，这是家庭爱国主义教育的前提和基础。	

步骤3：深联系	鼓励孩子把观看的新闻和讨论的内容作为素材整理在笔记本上。可以用于学科学习，如政治、历史，也可以用于日常言行，在日常生活中做一名爱国者，将情感和行动结合起来，加深对爱国主义内涵的理解。	可以提醒孩子，爱国主义的内涵更重要的是认同党和国家，对国家有信心，对发展有希望，对文化有底气。	
步骤4：多弘扬	鼓励孩子用自己的爱国行动感染、影响身边的人，如爱护环境、遵纪守法、勤学上进等。或者用宣讲的方式，向他们宣传家国情怀，如在学校、社团、班级或在校外等宣讲。	家长应积极为孩子提供机会，让孩子的爱国情得以表达、爱国行得以实现。	

活动反思
实施该活动后，孩子的家国情怀、家国责任意识有提高吗？价值观有变化吗？您在这个过程中有什么感受和收获？请记录下来吧！

活动延伸
1. 利用国庆节策划一次以爱国主义为主题的亲子活动，引导孩子记录收获与感悟。 2. 国庆节组织家庭旅游，有意识地启发孩子去感知祖国河山之美，让孩子获得无穷的精神力量。

效果评估

做完本篇活动，效果如何，请对照评估一下吧！

评估维度	描　述	改善明显	有一定改善	改善不明显
家长能力	你被孩子视为做人做事的榜样了吗？			
	你给孩子的好心建议能被孩子接受吗？			
孩子品行	孩子找到更加积极的人生榜样了吗？			
	孩子和同学的关系更加融洽了吗？			
	孩子的集体奉献意识有提高吗？			
	孩子言辞中表达出更强的爱国意识了吗？			

心智培养篇

初中阶段，孩子的大脑发育迅速，可塑性非常强。具体来说，孩子的记忆和观察能力不断提高，抽象逻辑思维已占主导地位，但仍以具体形象思维为支柱；思维的独立性和批判性有所发展，但带有片面性和主观性。所以说，初中阶段是培养孩子心智的最好时期。

在这个阶段，家长在培养孩子心智方面的主要任务有：帮助孩子树立正确的学习目标；将学习的外在动力转化为内在动力；培养孩子勤奋学习、持续学习的意志力；帮助孩子掌握有效的学习方法和养成良好的学习习惯，指导孩子学会制订合理的学习计划；指导孩子正确应对学习压力，克服考试焦虑，在孩子考试受挫时鼓励孩子。

本篇的六个活动主要围绕上述任务展开。在组织活动时，家长要注意尊重孩子的自主意愿，鼓励孩子独立思考与理性表达。

小测验

下列哪些描述与您的情况相符，请在“判断”框内打“√”。

序　号	题　目	判　断
1	我能帮孩子明确他的长远目标。	
2	我会指导孩子用制作梦想板等方式使目标具体化。	
3	我知道制订计划的原则。	
4	我会指导孩子做周计划、日计划。	
5	我会指导孩子执行计划。	
6	我会指导孩子从错误和失败中总结经验教训。	
7	我会指导孩子制作并使用错题集。	
8	我能教给孩子至少一个提升意志力的方法。	
9	我知道如何进行一场头脑风暴。	
10	我能教孩子至少一个减轻压力的方法。	

结果解释

8~10个“√”，表示你在孩子心智培养方面做得较好，请继续保持。

4~7个“√”，表示你在孩子心智培养方面做得一般，有提升的空间。

1~3个“√”，表示你在孩子心智培养方面有待提升。

活动一：制作梦想板

有句俗话说“火车跑得快，全靠车头带”。这么说是因为车头提供了火车前进的动力。通过“制作梦想板”活动，家长和孩子一起打造“梦想”这个火车头，让家长、孩子的小火车有充沛的动力跑起来。家长和孩子一起追寻梦想，家庭就变成了“动车组”，亲子共成长的动力就会更充沛。

活动目的			
与孩子一起制作一块梦想板，帮助孩子更好地确定自己的梦想，明确方向，激发潜能。			
活动准备			
物质准备：纸、笔、板材。			
活动流程			
步　骤	方　法	要点提示	记录孩子表现
步骤1：聊往事，引主题	家长先跟孩子分享一下，自己年少时为某个梦想付出过，挥洒过激情与汗水，以及梦想最后是否实现了。如果是半途放弃了，现在回想起来，是懊恼遗憾，还是庆幸当时的自己发现找错了方向，能及时止损。	家长分享的目的是引起孩子对梦想的兴趣。 分享要真诚，避免让孩子感到受教训或家长在吹嘘自己。	

步骤2：说梦想，描美景	父母和孩子都说一说自己的梦想，畅想一下梦想实现后的美景。 可以与孩子一起找一找各自兴趣（我喜欢什么）、价值（我看重什么）、能力（我能做什么）、机遇（我有什么机会）的交集。	家长的梦想要有正能量，给孩子正确的引导。 梦想实现后的美景，描绘得越具体越好。如果孩子的梦想比较抽象空洞，可以先进行“寻找榜样之旅”的活动。 找交集可以分步进行，便于操作。	
步骤3：集材料，绘梦想	和孩子一起确定梦想的标志物、标志事件。 和孩子讨论，共同确定是制作一块展现全家人梦想的梦想板，还是分开制作各自的梦想板。 根据需要，准备纸笔、板材等物品，用绘画、图片、实物等，展现代表梦想的标志物、标志事件等，亲手制作梦想板。	根据需要打印或绘制，建议根据个人喜好尽量使梦想板的色彩鲜明，形象生动，能用图片或实物的就少用或不用文字。 一定要让孩子参与，亲手制作效果才好。	

步骤4：挂蓝图，共约定	家长和孩子一起悬挂梦想板，约定一起实现各自的梦想。	要适当营造氛围，有仪式感为好。 根据实际需要，可以拍照打印，在多处（如床头、书桌上）悬挂或张贴。	
步骤5：多回顾，勤对标	家长和孩子一起约定每日定时看梦想板，如早上出门前站在梦想板前大声说出自己的梦想。 家长和孩子一起定期对标回顾。相互肯定一下取得的成效，共同找一找还存在的问题，为下一步的努力想想办法。	梦想的实现不可能一蹴而就，有波折、走弯路是常态。这时候家长一定不要操之过急，要少批评、多鼓励、找问题、想办法。	

活动反思
实施该活动后，孩子的梦想更清晰了吗？实现梦想的行动更多了吗？您自己在活动中有收获和成长吗？请把这些变化记录下来吧！
活动延伸
制作一本“追梦之旅”手册。记下家长和孩子在追寻梦想过程中的感受、困惑、取得的成功、成长的标志等。

活动二：学做小计划

梦想“大目标”，要靠“小计划”才能落地。可是，不少孩子进入初中后，还是缺少做计划的意识，或者没有掌握相应的方法，养成习惯。通过本次活动，家长自己学习并指导孩子做每周、每日“小计划”，亲子共同养成做计划的习惯，让“梦想板”上的梦想逐渐实现。

活动目的
1. 家长以身作则，掌握做周计划、日计划的方法。 2. 指导孩子认识到做计划的重要性，学会做周计划、日计划。 3. 亲子共同养成做“小计划”的习惯。
活动准备
物质准备：让孩子选择一个自己喜欢的本子做计划本。 知识准备： 1. 学习掌握5W2H分析法、艾维利法则。 5W2H分析法：5W2H分析法又叫七问分析法，5W2H具体是指为什么（Why）、做什么（What）、何人做（Who）、何时（When）、何地（Where）、如何（How）、多少（How much），是提出疑问、发现问题和解决问题的思考框架，非常适合用来做计划。 艾维利法则：是时间管理的有效办法，非常适合用来做每天的简要计划。具体方法是：写下你要做的6件最重要的事，用数字标明每件事的重要性次序，先从第一件开始，直至完成或达到要求，然后再开始完成第二件、第三件……每天都要这样做，养成习惯。

2. 阅读《学会陪伴学会爱：家长学堂（七年级）》第11课“提升学习力，方法很重要”。以下简要摘录部分内容。

“凡事预则立，不预则废。”家长要引导孩子学会制订学习计划，要和孩子一起分析计划，引领孩子实施计划，尽量要做到“长计划，短安排”。“长计划”可以使具体计划有明确的实现目标，“短安排”则可以使长计划的任务逐步落实到每星期、每天、每小时，甚至每刻钟。另外，计划要留有余地，不要定得太死、太满、太紧，要留出机动时间。

配套音频：手机端下载“家长空间”App，搜索文字“提升学习力，方法很重要”即可免费收听。

活动流程

步　骤	方　法	要点提示	记录孩子表现
步骤1：家长先行，学会方法	利用5W2H分析法、艾维利法则制订自己的工作学习计划，用计划本做记录，身体力行，实践至少一周时间。 在行动之前，就告诉孩子自己要学习实践一种新方法，请孩子监督。	家长一定要能熟练使用之后再教孩子。	

步骤2：激发兴趣，明确意义	根据实际，灵活选用经验分享、问题分析、前景展望等方式，让孩子认识到做“小计划”的重要性，引起兴趣。 家长也可以通过帮孩子分析缺少计划性导致的问题，引起孩子的重视。	家长做计划取得成果是最好的榜样示范。 如果是从反面分析，注意沟通方式，不要打击孩子。	
步骤3：启动仪式，亲子约定	让孩子选择一个自己喜欢的本子做计划本。 确定一个时间，举行一个简单的仪式，启动做周计划、日计划的活动。 可以用百日挑战、商定奖惩等方法来做亲子约定，帮孩子养成做计划的习惯。	仪式感可以增强行动效果。比如可以建议孩子在计划本上写下誓言或愿望，也可以在孩子同意的前提下家长写上愿望，还可以订立比较正式的书面约定，家长和孩子认真签字。	

步骤4： 以身示范， 教会孩子	拿自己的计划本做例子，给孩子讲解做周计划、日计划的原则和方法。例如，对要做的事情进行梳理，先做重要且紧急的事情；写任务清单；善用碎片时间等。	要坦诚地分享自己做计划的经验教训，以自己的实践经历为例进行讲解。 为孩子提供科学有效的建议，可参考史蒂芬·柯维等著的《要事第一》。	
步骤5： 亲子交流， 不断改进	家长和孩子定期交流做计划的过程中遇到的问题，例如： 完成效率最高的一个计划是什么？为什么最快完成？ 哪些计划最后没有完成？为什么？对接下来制订计划有没有什么启发？ 小计划提供的最大帮助是什么？	要多找到孩子的优点，对存在的问题要提建议、帮改进，不能简单否定。	

活动反思

实施该活动后，您和孩子做计划的能力有提高吗？对工作或学习有促进吗？请把这些感受或变化记录下来吧！

活动延伸

该活动还可以和周总结、日总结一起做。具体做法是先对照上周（上一天）计划做总结反思，再做本周（本日）计划。

活动三：做一个错题锦囊

学习是家长和孩子绕不过去的话题。很多家长有这样的烦恼：孩子学得快，忘得快；一学就会，一做就错。家长因为不了解问题产生的原因，所以用错误的方法应对，由此引发了很多亲子冲突。其实家长可以指导孩子整理错题集来解决这个问题。

活动目的

1. 了解孩子学习“记不住、做不对”的原因及解决方法。

2. 指导孩子针对关键科目整理一本错题集，养成定时整理、按时回顾的习惯。

活动准备

物质准备：笔记本（最好是活页本），也可以是风琴包（或文件夹）和A4纸。

知识准备：

1. 通过读书、上网查找等方式，和孩子一起学习“艾宾浩斯记忆保持曲线”相关知识。让孩子了解，如果不及时整理，不定时复习巩固，“学得快，忘得快；一学就会，一做就错”是很正常的，从而认识到整理、复习错题的重要性。

2. 阅读《学会陪伴学会爱：家长学堂（九年级）》第21课“举一反三比记住知识更重要”。以下简要摘录部分内容。

积累典型题并不难，以下几点建议供家长参考：

（1）为每科准备一个活页本，文件夹加活页纸也不错。这样做的好处在于，可以随时添加、删除，随时调整顺序。

（2）在活页纸的正面写题目与正确解法，可以是多道题的一致解法，也可以是同一道题的不同解法，并注明整理时间。

（3）在活页纸的反面梳理解题思路。如有必要，将与解题相关的核心概念、公式、定理也写下来。

（4）将活页纸按时间排序，在一天后、一周后、一月后回顾题目。先只看原题独立解答，答对做一个标记，如打一个“√”。不能独立作答就看规范解法，有必要就看一下背面的解法与相关知识，并做一个标记，如打一个“×”。

（5）连续三次只看原题都能独立解答，就把该题从活页本中删除。如果不能做对，就按内容分类整理，准备总复习时用。

（6）不断添加新题，删除已掌握的题目，并随时分类整理。在大型考试前集中复习活页本上的所有题目。

配套音频：手机端下载“家长空间”App，搜索文字“记住知识很重要，举一反三更重要”即可免费收听。

活动流程			
步　骤	方　法	要点提示	记录孩子表现
步骤1：形成共识	结合孩子实际情况，帮孩子分析“记不住、做不对”的原因，注意讲究科学，有理有据。 与孩子形成共识，从为关键科目整理一本错题集开始改变，向“记不住、做不对”宣战。	让孩子认识到问题可以解决，成功不是偶然的，是有方法的。	

步骤2：学做锦囊	让孩子找一个本子作为专门的错题本。家长与孩子一起整理第一道错题。 最好一张纸整理一道题，正面写整理时间、原题（可剪切粘贴）、错误重现、错因分析，反面写正确解答、规律方法梳理、相关知识点等。	最好使用活页本，可以在后续的整理、巩固中随时调整顺序，撤掉已经掌握的题目。 在具备基本要素的前提下，孩子可以有自己发挥的空间。	
步骤3：定时整理	指导孩子结合自己的作息时间安排，每天定时整理错题集。可以结合复习、作业，在及时整理中巩固当天所学，做到“日清日结”。	在整理中总结经验，形成适合自己的固定格式。	
步骤4：按时回顾	整理是第一步，后续的定时回顾与巩固才是最重要的。回顾要注意关键时间点：一天内、一周内、一月内、大型考试前等。	整理错题时要根据遗忘规律的关键时间点，写上提醒回忆的时间，最好具体到几月几日。 在按时回顾时，要用自己喜欢的标记记录回顾的准确、熟练程度。连续三次能正确、熟练解答的题目，可以不再继续回顾，视情况可以撤出错题本。	

步骤5：反思改进	定期检查完成情况，及时给孩子正面评价，及时解答孩子的疑惑，鼓励支持孩子坚持下去。 定期跟孩子讨论他的收获：学习能力提高了吗？错题集有没有给他带来帮助？坚持下来了吗？为什么没有坚持下来？可不可以克服？	开始时不习惯、有问题是正常的，家长一定要耐心、主动提供帮助。	

活动反思

实施该活动后，孩子对关键科目的学习兴趣、自信心有没有变化？成绩有没有提高？您对指导孩子有什么心得？请把这些感受记录下来吧！

活动延伸

1. 整理回顾错题要纳入学习计划（见活动“学做小计划”）。

2. 整理回顾错题的思路，同样适用于人生经验的积累，可以做一个“人生探索锦囊”。

活动四：意志力百日挑战

孩子常见的问题如学习低效、完不成计划、控制不住玩手机、沉溺于社交媒体和在线娱乐等，实际上都与意志力不强有关。意志力增强了，这些问题会得到缓解甚至彻底解决。如果您的孩子也有类似问题，那么和他一起来一次“意志力百日挑战”吧！

活动目的
与孩子一起完成一次意志力百日挑战，和孩子互相激励、增强意志力。
活动准备
物质准备：根据和孩子约定的挑战内容自行确定。 知识准备： 1. 提前阅读《自控力》《意志力红利》等书籍，掌握有关的意志力工具；回顾活动二“学做小计划”，熟悉做计划的方法。 意志力工具举例：写反思日记。 （1）列出生活中3件值得自豪的、令你高兴的、你可以施加影响力的事情，思考并写出对应的原因。 （2）列出生活中1件可以做得更好的事情，这件事情可能做得不太好，让你不太高兴，有点受打击。思考并写出这件事情让你不高兴的原因，再想一想，如何可以做得更好。 2. 阅读《学会陪伴学会爱：家长学堂（七年级）》第13课“聪明孩子不用功怎么办”。以下简要摘录部分内容。

有研究表明，96%以上的人都是智力水平一般的常人，智力超常的人和有智力障碍的人加起来不超过4%，即使是智力超常的人，也往往要靠努力与汗水才能成功。

家长应帮助孩子找到内心敬佩的榜样，或者真正渴望实现的目标及努力的方向，孩子会在为实现目标而努力的过程中，表现出坚毅、顽强的品格。同时选择一件简单但需要毅力才能坚持下去的事情，如早起、早读、晨跑、夜跑、每天阅读半小时等。家长可以和孩子一起做，这样不仅对孩子是一种锻炼，对家长自身也很有帮助。

配套资源：手机端下载“家长空间”App，搜索文字“聪明的孩子不用功怎么办”即可免费收听音频和阅读图文。

活动流程

步　骤	方　法	要点提示	记录孩子表现
步骤1： 学习实践	阅读《自控力》《意志力红利》等书籍，根据其中的方法，针对自己的意志力薄弱点，设定一个挑战目标，并实践一百天。	挑战行动开始之前可将自己的挑战计划告知孩子，并请孩子监督。	
步骤2： 挑战邀约	与孩子分享自己的实践体验，激发孩子的兴趣，与孩子约定共同进行“意志力挑战”活动。 和孩子一起列举各自意志力不强的表现，共同确定各自需要解决的一个意志力问题。	激发兴趣的办法很多，也可以让孩子谈一下缺少意志力的困扰或想象一下意志力变强后的自己；可以和孩子一起谈一谈榜样的意志力表现等。	

步骤3： 制订计划	和孩子一起制订各自的意志力百日挑战计划，都要包括选定任务、明确标准、商定奖惩等。制作挑战计划表，张贴在显眼处。	孩子的任务要合理，不要过难。为公平起见，家长应选择一个新的挑战任务。	
步骤4： 实施计划	和孩子一起实施挑战计划，互相鼓励、监督。对孩子的正面表现要及时肯定，孩子出现畏难情绪时要及时鼓励或支持。 每完成一天计划及时在挑战计划表上打"√"记录。	家长要给孩子做正面示范，激励孩子。有时也可适当示弱，激发孩子的主导作用。	
步骤5： 庆祝仪式	挑战期满，家长和孩子一起举行隆重的庆祝仪式，颁奖并总结。	家长对孩子实践过程中表现出来的好行为要真诚具体地表扬。 可以趁热打铁再商定新的挑战计划。	

活动反思

您和孩子挑战了什么活动？在活动中意志力增强了吗？有哪些收获、成长？请把这些感受和变化记录下来吧！

活动延伸

好习惯养成均可用“百日挑战”的方式。

活动五：来一场头脑风暴

不少家庭，习惯于家长做决定，孩子听从安排。这样可能会造成很多问题：家庭氛围不民主、亲子关系不和谐；孩子养成不爱参与、被动服从的习惯，或者变得特别叛逆；孩子思维的主动性、创新的愿望和能力大受影响。让我们从一场亲子头脑风暴开始，解决这些问题吧！

活动目的
1. 和孩子进行一场头脑风暴，亲子共同培养创造性思维。 2. 培养孩子参与家庭决策的意识，营造家庭民主氛围，使亲子关系和谐。
活动准备
物质准备：纸、笔等。 知识准备： 1. 学习头脑风暴法。 头脑风暴法鼓励无限制地自由联想和讨论，目的在于产生新观念、创新设想。基本程序为确定议题、会前准备、明确分工（设主持人、记录员等）、规定纪律、掌握时间（30~45分钟为宜）。主持人只主持会议，对设想不作评论，记录员要不加评判地认真、完整记录与会者每个设想。成功进行一次头脑风暴的要点是先自由畅谈，追求点子的数量；待有足够数量后再进行分析评判，但禁止批评指责。 2. 阅读《学会陪伴学会爱：家长学堂（八年级）》第13课“鼓励孩子‘异想天开’”。以下简要摘录部分内容。 异想天开是一种宝贵的创造性思维品质。

异想天开，体现了孩子独特而丰富的想象力，一旦有机会发展成为现实，将会产生巨大的效能。

培养孩子的想象力是开发孩子智力和创造力的重要途径。一旦孩子养成了爱想象的习惯，他们的想象就会层出不穷，孕育出新奇的思想。家长要鼓励孩子大胆“标新立异”和“异想天开”，特别要肯定和维护孩子突破思维定式的创新性思维……

配套音频：手机端下载“家长空间”App，搜索文字“让孩子的‘异想天开’不再是黄粱美梦”即可免费收听。

活动流程

步　骤	方　法	要点提示	记录孩子表现
步骤1：学习实践	用头脑风暴法，自选一个主题或任务实践体验。如“怎样改善健康状况”。	只有自己先实践体验过，才能更好地指导孩子。这一步不能跳过。	
步骤2：形成共识	家长可以谈自己使用头脑风暴法的体验和感受，激发孩子学习头脑风暴法的兴趣，邀请孩子一起用头脑风暴法制订家庭旅游计划。	本活动以“制订家庭旅游计划”为例阐述，家长可更换为家人更感兴趣、认为更重要的其他主题。	

步骤3：明确阶段	明确需要讨论的内容，如旅游的目的地、理由、具体规划等。 明确本次头脑风暴的规则，如时间长度、流程、列举条目数量等。	如有必要，可以分项进行头脑风暴。	
步骤4：激发阶段	各人书面列出想法，多多益善。 为了达到相互激发的目的，可以中间设置一次宣读。	中间设置一次宣读，便于其他人受到启发继续列出想法。要特别注意，倾听者此时不能加以评判。	
步骤5：讨论阶段	逐条讨论，划掉不合理、价值不大的条目，保留好的想法，对有部分价值的想法进行修改。	评判要有明确理由，要客观讨论，避免掺杂情绪，造成不和谐。	
步骤6：整合阶段	整理讨论结果，形成家庭旅游计划。	如有不确定事项，可以再进行一次头脑风暴。	

活动反思
您和孩子一起谈谈组织或参加一场头脑风暴的要领，参加头脑风暴活动的感受和收获。讨论一下头脑风暴法还可以用于什么场景。

活动延伸
1. 头脑风暴法可被广泛用于需要集思广益、创造性思维的事项或场合。 2. 制订家庭旅游计划这样的活动，还可以用思维导图法、5W2H分析法、SWOT分析法等，有兴趣的家长可以主动学习。

活动六：负重抗压我能行

初中生承受的压力是多方面的：有来自自身成长矛盾的，有来自家庭、学校和社会的，更多的是来自学业的。青春期的孩子心智还不成熟，抗压抗挫能力差，面对多方面的压力往往不堪重负。家长非常有必要教会孩子学会客观看待压力，减轻过重的压力，善用适当的压力。

活动目的
1. 使孩子认识到保持适度压力的必要性。 2. 与孩子一起学习缓解压力的方法。
活动准备
知识准备：阅读《学会陪伴学会爱：家长学堂（九年级）》第7课“适度压力是学习的助推器”。以下简要摘录部分内容。 根据耶基斯-多德森定律，压力过大或者过小都会对孩子的记忆力、思维力、注意力产生一定的负面影响，导致孩子学习效率低下，考试成绩不理想。当压力适中时，孩子能保持最好的学习状态，在考试中可以顺利地提取以往习得的知识，达到最佳的学习效果。 配套视频：手机端下载“家长空间”App，搜索文字“适当的压力是学习的助推器”即可免费观看。

活动流程			
步　骤	方　法	要点提示	记录孩子表现
步骤1：客观认识压力	观察孩子的压力状态，找合适的时机与孩子谈谈与压力有关的知识，如解释一下耶克斯–多德森定律。（本次活动以常见的压力过大为例。）	当任务相当复杂时，较低的压力水平较为适宜；当任务比较简单时，较高的压力水平更为有效。当任务难易适中时，适中的压力水平最好。	
步骤2：找到主要压力	家长和孩子一起，先列举觉得有压力的事情，再初步分析哪些是主要压力来源。 剩下几件主要的事情后，从面对此事的以下几种表现评估压力大小（每一项由小到大赋分1~5分。） 1. 呼吸急促、心跳加快。 2. 头脑不清醒。 3. 出汗或想去洗手间。 4. 不由自主去想不好的结果。	总分12分以上为压力过大，得分越高，压力越大。 如果有不止一件得分12分以上的事情，先选定一件事情进行下面的步骤，等积累经验后再解决其他几件。	

步骤3：分析压力来源	从不同侧面分析压力的来源。 可以制作一个核查清单，从来自自身成长矛盾的压力，来自家庭、学校和社会的压力，来自学业的压力等方面一一查找。	来自自身成长矛盾的压力涉及自信、能力、目标等，来自家庭、学校和社会的压力涉及期望、条件、评价等，来自学业的压力涉及课业负担、学业成绩等。 大部分事情的压力源不止一个。	
步骤4：减轻过重压力	家长和孩子一起，根据核查到的压力源，商讨减压的方法。例如，增强自信、提高能力、设定恰当的目标、创造条件等。	这一步是难点，增强自信、提高能力、设定恰当的目标、创造条件等，需要家长和孩子在主动学习的基础上，寻找适合孩子的方法。	
步骤5：评估压力水平	用步骤2的方法核查压力是否处于合理水平（4~11分为合理水平，面对简单任务压力高一点为宜，如8~11分，面对复杂任务压力低一点为宜，如4~8分）。如果仍旧过高，再重复步骤3、步骤4进行调整。	适中的压力有助于激发潜能，提高学习工作效率。	

活动反思
实施该活动后，孩子对压力有正确的认识了吗？学会了对自己有效的减压方法了吗？抗压抗挫能力有提高吗？请把这些变化记录下来吧！

活动延伸
与孩子一起区分简单任务、普通任务、复杂任务，确定合适的压力水平并采取相应的行动。

效果评估

做完本篇活动，效果如何，请对照评估一下吧！

评估维度	描　述	改善明显	有一定改善	改善不明显
家长能力	这些方法对提升您的工作效能有帮助吗？			
	您指导孩子学习时感觉更得心应手了吗？			
孩子变化	孩子会制作梦想板了吗？			
	孩子做计划的能力有提升吗？			
	孩子学会做错题集了吗？			
	孩子的意志力有提升吗？			
	孩子学会头脑风暴了吗？			
	孩子学会适合自己的减压方法了吗？			

身心健康篇

健康的身体和良好的心理素质是孩子成长成才的基础。

要保持身心健康离不开体育锻炼。缺乏体育锻炼，会降低孩子的身体素质和免疫力，影响运动协调能力，继而影响孩子的自信心、意志力等。本篇设计的前两个活动，通过亲子共同参与体育锻炼，帮助家长培养孩子积极向上、乐观开朗的性格，增强抵抗挫折的能力。

初中孩子有其特殊的心理矛盾，有成年人难以理解的困惑与苦恼，不少孩子感到孤立无助，在心灵深处备受煎熬。本篇设计的活动三至活动五，旨在促进家长了解孩子，拉近亲子关系，帮助孩子拥有健康的心理素质，同时提高处理情绪的能力。本篇设计的活动六，以促进孩子思考生命、珍爱生命为目的，家长也可以确定类似的主题，选取相关的电影，与孩子一起观看、讨论。

小测验

下列哪些描述与您的情况相符，请在“判断”框内打“√”。

序号	题目	判断
1	我了解孩子的身高、体重等各项指标。	
2	我认为孩子对自己的外貌、力量等很满意。	
3	我常和孩子一起做运动。	
4	我知道孩子最喜欢的运动项目是什么。	
5	我了解孩子对自己的评价。	
6	在孩子心情低落的时候，我能让他快乐起来。	
7	我知道孩子在初中阶段会面临很多困难，孩子也很辛苦。	
8	我与孩子几乎不发生激烈冲突。	
9	我能教导孩子处理情绪的方法，孩子也欣然接受。	
10	我经常和孩子一起观看并讨论有教育意义的好电影。	

结果解释

8~10个“√”，表示您在孩子身心健康培养方面做得较好，请继续保持。

4~7个“√”，表示您在孩子身心健康培养方面做得一般，有提升的空间。

1~3个“√”，表示您在孩子身心健康培养方面有待提升。

活动一：亲子体质测试

初中生感受到身体的发育变化，常在无意中将自己与身边的人进行比较，从外形神态、动作语言等各个方面，形成对自身体貌的认知。青春期的青少年自我意识加强，比较敏感，往往自我评价过低。那就让我们从亲子间的“体质测试”入手加以引导吧。

活动目的
1. 检测孩子与家长的身体素质，评估健康情况。 2. 定期记录孩子与家长的身体各项指标，引导孩子正确面对自己的身体，了解接纳自己。 3. 鼓励孩子合理膳食，积极锻炼身体，增强自信心。
活动准备
物质准备：笔记本、笔、卷尺（或米尺）、体重秤（或体脂称）等。 知识准备：上网查找身高体重标准表，查阅《国民体质测定标准手册》《国家学生体质健康标准》。 体重和身高是人体最基本的数值，有一个指数称为BMI，是国际社会通用的测量人体标准的指数。BMI=体重（kg）/身高（m）的平方。最理想的BMI是22，在亚洲标准中正常的BMI应该为18.5~24。如果低于18.5，属于体重过低，如果为18.5~24，属于正常，如果大于24，属于肥胖的行列。如果得出的结果超过30，就需要特别注意，有可能会出现疾病。 通常来说，标准的体重等于自己的身高（cm）减去105，得到的数就是自己标准的公斤体重，可以经常称体重，看看自己发生了哪些变化，然后再决定是否要改善饮食或增加运动量。

活动流程			
步　骤	方　法	要点提示	记录孩子表现
步骤1：兴趣调动	询问孩子知不知道家长的身高、体重，和孩子聊一下家长自己在青春期的身体各项指标，引入体质测试话题，与孩子约定某个周末，来一场家庭体质测试。	要挑选恰当的时间，如吃饭的时候，如果亲子有冲突的时候不可以。 如有必要，可以制定奖励措施，如某项数据超过家长，可得到奖励。	
步骤2：数据测量	每个人测量身高、体重并做记录。 记录要有条理，爸爸、妈妈、孩子的测量结果要分栏记录，使每个人的变化都很清晰。	测量内容和规则可参考《国民体质测定标准手册》《国家学生体质健康标准》，也可以发扬民主，由家长和孩子一起决定。 家长不要因某方面数据差而害羞遮掩，逃避会给孩子错误示范。	

步骤3： 分析商讨	亲子共同对测试数据进行分析评价，找出各自的优点和不足，从饮食、运动等方面商讨一下改进的办法。	评价要真诚，符合孩子的实际情况。要多肯定，用发展的眼光看待弱项和不足。	
步骤4： 定期监测	定期测量记录，并商讨如何持续改进。可以结合活动“相约去跑步”，制订锻炼计划，与孩子一起改善体质、增强体质。	家长也要测量自己的数据并做记录，与孩子一起坚持，能让孩子更有参与感，更关心父母的身体状况。	

活动反思

该活动实施后，您和孩子对健康的认识有什么变化？请把这些感受和变化记录下来吧！

活动延伸

1. “体质测试”范围很广，请根据您的实际情况选择更方便的方式，测量身体的基本信息，如身高、体重、跳高、跳远、踢毽子、跳绳、跑步、打篮球、打羽毛球、打乒乓球、踢足球等。

2. 本活动可以与“相约去跑步”活动连贯起来进行。

活动二：相约去跑步

中学阶段的孩子学业压力大，用于体育锻炼的时间少。缺乏体育锻炼降低了孩子的身体素质和免疫力。家长和孩子相约去跑步，陪伴孩子进行体育锻炼，不仅拉近了亲子关系，还让孩子在学习和生活中充满朝气和动力。

活动目的
1. 带领孩子感受运动的魅力，增强体质。 2. 在运动中拉近亲子距离。 3. 养成定期运动的习惯，增强孩子的意志力和自信心。
活动准备
物质准备：秒表、舒适的运动服、运动鞋，广场等宽敞的环境。 知识准备：上网查找奥运会、冬奥会等的视频，与孩子一起观看，激发孩子运动兴趣，指导孩子了解运动的方法。 运动锻炼强度并非越大越好：有用的运动做得太多会产生相反的效果，锻炼过度也会出现危险，特别是对刚刚开始锻炼的人更是如此。身体需要休息和复原，我们希望从锻炼中获得的积极效果，正是在休息期间出现的。 成年人的运动强度要按照“有氧运动天天做，大强度运动选择做，每周2~3天力量练习，牵拉运动前后做”的原则，以有氧运动为基础，同时兼顾力量牵拉练习。健步走、跑步、骑车及深蹲卧推等都是适合成年人的运动方式。力量练习包括器械性练习以及俯卧撑、原地跳、仰卧起坐等非器械练习，可提高肌肉力量、增加肌肉体积、发展肌肉耐力。

对青少年来说，每天至少活动2小时，全天内各种类型的身体活动时间应累计达到180分钟以上，中等及以上强度的身体活动累计不少于60分钟，户外活动效果最好。

活动流程

步骤	方法	要点提示	记录孩子表现
步骤1：体育精神引领	通过聊天或观看比赛等方式引导孩子感受体育魅力，与孩子聊一聊“运动都有哪些好处”。激发兴趣后，顺势提出跑步邀请。	运动的好处有：增强身体素质，磨炼意志等。竞技体育还能培养团队意识、挑战精神等。	
步骤2：商量跑步计划	和孩子商量跑步的时间、地点、运动量等。如条件允许或有必要，可以购买合适的装备，如跑步鞋、运动衣等。	运动强度要适量，掌握科学的方法，可参考《青少年身体素质练习方法》，要符合孩子现阶段的情况。	

步骤3：制定跑步公约	与孩子约定运动目标、规则、时限、奖惩等内容。如至少围绕场地跑2圈、每次坚持跑步不少于10分钟、如果运动量不达标要为他人按摩肩背5分钟等。	公约应对亲子双方都有要求，避免单方面约束孩子。 目标要适当。一开始可以边跑边走，坚持一段时间后再慢慢增加运动量。	
步骤4：一起去跑步	家长和孩子共同履行公约，一起去跑步。家长要发挥榜样作用，带头遵守共同约定的规则。对孩子的表现给予肯定和鼓励。例如："第一次表现不错，开了个好头！""比妈妈预想的坚持时间长！"	如果孩子之前没有锻炼习惯，刚开始锻炼肯定是件很困难的事情，对孩子的意志力也是一种考验，要理解孩子，万事开头难。	

步骤5：进步看得见	亲子共同记跑步日记，如跑步时间、时长、距离、速度等数据。 和孩子定期通过数据看成长：跑的时间、距离更长了，速度更快了，坚持了多少天了，累计跑了多长距离了，感觉身体更好了，等等。 和孩子一起分析面临的困难、自己的不足以及应该做哪些改进等。	要让孩子爱上锻炼必须让孩子发掘体育锻炼的乐趣与动力，其中必不可少的就是来自家长的鼓励。在孩子不能坚持的时候，不要简单批评指责，否则会打击孩子的自信心，起到相反的效果。	

活动反思

实施该活动后，您和孩子进行了什么运动项目？坚持得怎么样？健康状况有什么改变？请把这些感受和变化记录下来吧！

活动延伸

跑步只是一种锻炼形式，也可根据自己的实际情况选择徒步行走、骑自行车等。

活动三：演讲夸自己

强烈关注自己的形象是青春期孩子的典型特征，然而有的孩子不能客观评价自己，过于关注自己的缺点，看不到自己的优点，进而导致敏感、自卑，影响了心理健康发展。家长可以不时组织一场“家庭演讲会”，让家庭成员都来夸夸“我自己”，让孩子看到自己的优点，学会欣赏自己。

活动目的
1. 引导孩子找到自己的闪光点，欣赏自己，增强自信。 2. 和孩子共同练习演讲技巧，提高表达能力。
活动准备
物质准备：纸、笔等。 知识准备： 1. 阅读《学会陪伴学会爱：家长学堂（九年级）》第1课“悦纳自己更幸福”。以下简要摘录部分内容。 鼓励孩子自我肯定，强化自我激励。每个悦纳自己的孩子，内心都能承认自己有价值，认为自己在某些方面是优秀的和有能力的。让孩子做到这一点的最好方法就是自我表扬和激励。每当孩子做对一件事时，就要引导孩子及时自我表扬，并反复强化。例如：“今天的千米跑虽然很累，但是我坚持下来了，而且比上次还快了十几秒，我很厉害啊！”“今天放学回家没有玩游戏，学习、锻炼和早睡都做到了，原来我是个很自律的小伙子，继续加油，让小宇宙爆发吧！” 配套视频：手机端下载“家长空间”App，搜索文字“我喜欢我自己”即可免费观看。

2. 阅读《学会陪伴学会爱：家长学堂（九年级）》第17课“帮助孩子提升自信心”。以下简要摘录部分内容。

提振精气神，激发潜能。首先调整好仪态。告诉孩子良好的仪态，如“站如松，坐如钟，走路昂首又挺胸”，能显示出昂扬的精神面貌，给人自信的感觉，不知不觉中，勇气也会被激发出来。其次要保持良好的自我暗示。家长可以用四句话引导孩子进行自我暗示：“我爱我自己！”“我相信我自己！”“我有巨大的潜能！”“我一定能成功！”可引导孩子边说边做有力的动作，如先拍胸，再握拳，最好是连续多遍，一气呵成。

召开一次家庭表扬会，每位家庭成员都要自我表扬和表扬他人。鼓励孩子多说，引导孩子发现自己的闪光点。

配套音频：手机端下载“家长空间”App，搜索文字“如何帮助孩子提升自信心”即可免费收听。

活动流程			
步　骤	方　法	要点提示	记录孩子表现
步骤1：关注自我认知	家长和孩子就“我是一个什么样的人”展开讨论，增进对彼此的了解。与孩子商定举办一次以“夸夸我自己”为主题的家庭演讲会。	如果孩子自信心不足，可以在平时多帮孩子找闪光点，为本次活动做铺垫。	
步骤2：打开外向开关	家长与孩子讨论确定演讲的要求、演讲前要做的准备，如演讲时间、演讲稿的标准、演讲时长限制、展示自己有哪些好处、怎样展示自己、展示自己的什么方面等。	演讲时间应定在家长和孩子共同的空闲时间，如饭后、周末等。要留出充足的准备演讲稿的时间。	

步骤3：寻找独特的我	家长和孩子分别写一篇夸奖自己的演讲稿。内容可以围绕性格、品行、处事能力、得到过的荣誉等展开，可以叙述事实，也可以发表看法。 自己的优点要找到三点以上，越多越好，围绕每一点展开描述。	演讲稿内容越丰富越具体越好。寻找自己优点的过程就是肯定自己的过程。 如果孩子不自信，找不到优点，家长应积极帮孩子发现自己的优点。	
步骤4：营造仪式感	根据家庭实际情况，布置一个演讲台，准备好话筒，尽量营造出演讲的气氛。 利用抽签的方式决定出场顺序。 “观众”要拿着纸笔边听边记录下自己当时的感受。	如果孩子表现拘谨，应鼓励孩子勇于展示自我。必要时提出合理建议，如帮孩子调整好仪态，“站如松，坐如钟，走路昂首挺胸”；引导孩子自我暗示“我很棒”“我能做到”“我拥有巨大的潜能”等。	

步骤5：自信的你最美	演讲结束后，家长与孩子互相评价，寻找对方演讲过程中的亮点，互相学习。家长应努力挖掘孩子表现中的积极因素，如内容有条理、声音洪亮、吐字清晰、表情到位等，帮助孩子学会欣赏自己。	夸奖可以从演讲表现和演讲内容两方面入手。夸奖一定要具体、真诚。可参考本书活动“赞美我宝贝”中的方法。	

活动反思

在活动中，您和孩子各自发现了自己和对方的哪些亮点？实施该活动后，您和孩子对自己和对方的认识有什么变化？请把这些感受和变化记录下来吧！

活动延伸

1. 表扬方式多样化：生活中随时关注孩子的表现，及时口头表扬，也可以通过写信或者写“家庭记功本”等方式。

2. 演讲主题多样化：与孩子商定定期进行家庭演讲会，可选择不同的题材，如“我的缺点”“我是一个什么样的人”“我想成为什么样的人”等，促进家庭成员更进一步地剖析自己、了解自己。

活动四：写封接纳信

青春期的孩子独立意识强，渴望被尊重、被理解、被认可，家长应创设民主、平等、宽容的环境来促进其成长。如果家长自身情绪控制能力不强，容易与孩子发生口角，可以尝试书信沟通，可能会起到意想不到的效果。

活动目的
1. 针对近期发生的一件事，家长与孩子互相给对方写封信，促使家长和孩子接纳自己、接纳对方，增进相互理解。 2. 了解孩子内心深处的真实情绪，拉近亲子关系。 3. 促使孩子接纳家长，感受到家长的爱与包容。
活动准备
物质准备：纸、笔等。 知识准备：阅读《学会陪伴学会爱：家长学堂（九年级）》第2课“接纳孩子的不完美”，以下简要摘录部分内容。 换位思考，体会孩子的不易。当家长为孩子达不到心目中理想的状态而焦急，甚至愤怒时，请坐下来与孩子交谈一下，不要指责他不努力，而要去说说他的辛苦和不易、坚持和隐忍。 请用“孩子，你也不容易”开头，与孩子进行一次真诚的交谈，或者给孩子写一封信。 配套视频：手机端下载“家长空间”App，搜索文字“接纳不完美，成长比成绩更重要”即可免费观看。

活动流程			
步　骤	方　法	要点提示	记录孩子表现
步骤1：观察反思	反思自己与孩子的日常沟通情况：双方是否存在误解，孩子有无对抗情绪，孩子能否感受到自己对他的关爱，是否对孩子要求过多、赞美不够等。	沟通应针对具体问题，最好是针对近期发生的一件事。	
步骤2：耐心倾听	引导孩子就“希望你这样对我”这个话题敞开心扉谈一谈。家长要耐心倾听孩子说了什么，压制住评判、辩解的冲动，感受孩子话语中表达的情绪和感受。	可参考罗伯特·博尔顿的《人际关系学：如何保持自我、倾听他人并解决冲突》。 可以阅读本书活动“倾听有技巧”，来提高倾听能力。	
步骤3：书信传情	在倾听的基础上，整理好思绪，将自己的心里话，用写信的方式有条理地表达出来。如理解孩子的感受、解释误会、真诚地道歉或表达对孩子的爱、诚挚地邀请孩子给自己回信等。	信中一定要传达信任，语言要温和、不生硬，不要传达负面情绪，更不要指责。 多站在对方的角度考虑问题。	

步骤4：及时反馈	收到孩子回信后，要及时把自己的感受告诉孩子，可以用再次回信的方式。	书信交流让思想和情感的表达更加真实、理性。家长可以与孩子养成定期写信的好习惯。	
活动反思			
实施该活动后，您和孩子合理表达情绪、理解对方情绪的能力有提高吗？请把这些感受和变化记录下来吧！			
活动延伸			
与孩子就某一问题产生矛盾或分歧时，也可以用一封书信来沟通。			

活动五：掌控情绪风暴

青春期被称为情绪的“暴风骤雨”期，孩子的情绪反应剧烈、不稳定，而且常常会“复制”家长的情绪。家长要与孩子一起分析不良情绪，学习控制情绪、调节情绪的方法，营造良好的家庭情绪氛围。

活动目的
1. 与孩子一起体验并学会管理负面情绪。 2. 针对一件具体事情，学会恰当地表达情绪，为和谐的亲子关系打好基础。
活动准备
物质准备：纸、笔等。 知识准备： 1. 了解情绪ABC理论。 人的情绪不是由某一诱发性事件本身所引起，而是由经历了这一事件的人对这一事件的解释和评价所引起的。这就成了 ABC 理论的基本观点。在ABC理论模式中，A是指诱发性事件；B是指个体在遇到诱发事件之后相应而生的信念，即个体对这一事件的看法、解释和评价；C是指特定情景下，个体的情绪及行为的结果。 通常人们会认为，人的情绪的行为反应是直接由诱发性事件A引起的，即A引起了C。ABC理论则指出，诱发性事件A只是引起情绪及行为反应的间接原因，而人们对诱发性事件所持的信念B才是引起人的情绪及行为反应的更直接的原因。合理的信念会引起人们对事物适当、适度的情绪和行为反应；而不合理的信念则相反，往往会导致不适当的情绪和行为反应。当人们坚持某些不合理的信念，长期处于不良的情绪状态之中时，最终将导致情绪障碍的产生。

2. 阅读《学会陪伴学会爱：家长学堂（八年级）》第19课“如何应对孩子疾风骤雨般的情绪”。以下简要摘录部分内容。

可以与孩子一起进行约翰·戈特曼的情绪管理五步法练习，具体步骤如下：

第一，父母能觉察孩子的情绪，并做出正确的回应。当孩子有情绪时，家长要站在孩子一边，重视孩子的感受，允许孩子表达出他的情绪。第二，把情绪化的瞬间当作增加亲密感、对孩子进行情绪指导的好机会。第三，倾听孩子的心声，认可孩子的情绪，对孩子的情绪感同身受。第四，指导孩子进一步理解和表达自己的情绪。第五，使孩子明白，自己需要调整的是处理情绪的行为而不是情绪本身，并引导孩子解决问题。

配套视频：手机端下载“家长空间”App，搜索文字“如何应对孩子‘疾风骤雨’般的情绪”即可免费观看。

活动流程			
步　骤	**方　法**	**要点提示**	**记录孩子表现**
步骤1：记录情绪	家长和孩子每日拿出时间为自己当天因几个主要事件引发的情绪打分，区间为±5分，绘制情绪曲线图。持续一周。	绘制情绪曲线图的目的是引发改变的愿望。记录一段时间就会发现，对一天影响最大的是负面情绪，哪怕它不多、不强烈。	

步骤2：感知情绪	家长和孩子各自回忆近期一个引发负面情绪的具体事件及对此事的观点和情绪反应，在纸上写出来。 事件：今天老师上课点名让我回答问题，我没回答出来。 观点：我觉得老师故意针对我，让我出丑。 情绪：我非常生气。	根据情绪ABC理论，引发情绪的不是某一具体事件，而是我们对这件事的看法，即观点。因此，将事件、观点、情绪这三个要素都写出来，便于下一步进行分析。	
步骤3：解析情绪	家庭成员之间互相交流各自写的内容。别人发言的时候，其他家庭成员要耐心倾听，注意其对事件的看法和情绪之间的因果关系，思考其对事件的看法是否客观、合理，有没有更加积极的解释。	自认为正确的看法或观点，在别人看来很可能是不对的。	

步骤4： 调控情绪	针对每个人的内容，互相讨论一下：我们对事情的解读一定是正确的吗？例如：老师叫我起来回答问题，对我来说有什么好处？一定是老师针对我吗？老师叫我起来回答问题，也可能是老师随机点名正好点到了我，或者老师看我开小差了才叫我起来，说明老师关心我……	促使当事人从不同角度看待发生在自己身上的事情，通过改变认知来达到调节情绪的目的。 要想掌控情绪风暴，应该用冷静的头脑去分析和解决问题，而不是一时发泄情绪，造成不可挽回的后果。	
步骤5： 转换情绪	家长示范：用积极的观点重新看待经历的事件，将调整认知后的感受表达出来。引导孩子积极调整认知，并表达调整后的情绪感受。 在生活中遇到消极情绪时，家长和孩子互相提醒，及时感知情绪，并用该方法调节情绪。	如果父母能正确、坦诚地表达情绪，并且处理好情绪，就是给孩子树立了一个表达和处理情绪的好榜样。	

活动反思
实施该活动后，您和孩子调节情绪的能力有什么变化？请把这些感受和变化记录下来吧！
活动延伸
在自己的情绪掌控能力提升之后，可以帮助其他家庭成员拥有健康的情绪。

活动六：周末生命影院

有的孩子受阅历和抗挫能力限制，遇到问题时容易走极端，给自己或他人生命安全造成威胁。家长要充分意识到对青春期孩子进行生命教育的迫切性，从一次周末生命影院开始，和孩子来一场关于生命的对话吧！

活动目的
1. 家长与孩子一起看一场电影，认识生命、珍爱生命。 2. 引导孩子学会对生命负责，感受人生的美好。
活动准备
物质准备：平板电脑等工具。 知识准备： 1. 通过上网等方式查找珍爱生命的有关案例，准备一部与生命有关的电影。 2. 阅读《学会陪伴学会爱：家长学堂（八年级）》第2课“学会对生命负责”。以下简要摘录部分内容。 人生道路漫长而曲折，不可能一帆风顺。家长要引导孩子正确面对困难和挫折，克服消极的情绪体验和心理状态，积极解决问题。 带孩子认识生命中的“苦难”。家长可以通过与孩子一起评论社会新闻、影片等方式，交流主人公应对突发事件时的对与错，指导孩子直面生命中的“苦难”，帮助孩子树立正确的心态来应对压力和失败。 配套音频：手机端下载“家长空间”App，搜索文字“学会对自己的生命负责”即可免费收听。

活动流程			
步　骤	方　法	要点提示	记录孩子表现
步骤1：探问生命	就社会热点或身边真实事件，与孩子进行一场关于生命的讨论，引导孩子表达对于生命的看法。	选择合适的时间和地点，要在孩子有沟通意愿的时候进行。	
步骤2：选取影片	根据孩子的想法选取相关题材的影片，如讲述面对天灾时人类的渺小与伟大的《唐山大地震》，讲述主人公身体残缺却没有放弃打破身体极限完成梦想的《灵魂冲浪》，讲述世界末日来临时顽强人类自救的《流浪地球》，讲述主人公以生命维护国家及人民财产安全的《烈火英雄》等。	珍爱生命、感受人生美好的片子有很多，家长最好先收集电影资料并观看后自主选择。 根据孩子的年龄和接受能力选择。	
步骤3：观看影片	选个空闲时间，家长与孩子一起观看电影。观影过程中，家长要注意观察孩子是否被影片内容触动。	家长也要投入地去看，而不仅仅是为了完成陪孩子看电影的任务。	

步骤4：交流品评	看完电影后，围绕影片内容自然地与孩子进行交流，谈谈关于生命的感想。如围绕剧中人物的背景、行为讨论“如果你是他，你会怎么做”等。如果孩子爱好写作，也可以约定每人写一篇观后感。	尽量选择孩子喜欢的方式进行沟通，尊重孩子的意愿。比如，如果孩子不爱写作文，就不要强硬要求他写观后感。	
步骤5：传统延续	可以将周末生命影院活动作为一项常规性活动在家庭中开展，在孩子课业不多的情况下，通过观影放松身心、启迪心灵。 根据孩子的表现与需求和家长的教育目的，题材的选取可以多样化，如喜剧类、科幻类、家庭类、职场类等。	孩子渐渐长大，独立意识增强，已经不再喜欢围绕在家长的身边，家庭影院既可以让家长与孩子长久相伴，又可以引领孩子身心健康成长。	

活动反思
实施该活动后，您和孩子对生命的认识有什么变化？请把这些感受记录下来吧！

活动延伸
可以开展类似逛动物园、养护动植物、探访养老院等活动。

效果评估

做完本篇活动，效果如何，请对照评估一下吧！

评估维度	描　述	改善明显	有一定改善	改善不明显
家长能力	您更了解孩子身体素质的各项指标了吗？			
	面对孩子的情绪起伏，您是否能沉稳应对？			
	您了解孩子的心理健康状况吗？			
孩子变化	孩子的身体素质有明显改善吗？			
	孩子变得更加乐观、积极了吗？			
	孩子能更好地掌控自己的情绪了吗？			

附录A

人格发展八阶段理论

美国著名发展心理学家和精神分析学家爱利克·埃里克森（E. H. Erikson）把人格的形成和发展过程分为八个阶段，称为人格发展八阶段理论。他指出，人的每一阶段都有特殊的核心发展任务，这些发展任务的顺利完成是人格健康发展的前提。

核心任务发展得不顺利，则会使个人出现同一性残缺、不连贯的状态，发展的成功与失败即为两个极点。例如，婴儿时期的最优状态是基本信任的状态，最劣状态是基本不信任的状态。核心任务的完成结果会影响人的一生。

一、婴儿期（0~1.5岁）

此阶段的发展矛盾是信任感vs.不信任感，核心发展任务是获得信任感，克服不信任感。

婴儿出生后首先面临的就是生存问题，他对初次降临的这个世界是否安全、能否满足自己的生存需要问题有着本能的敏感。婴儿如果能够得到成人的精心照料和保护，便会逐步形成对周围人及世界的信任感，也称安全感。否则就会产生不信任感，并将在今后的生活中，对周围人及世界充满疑虑。信任感是整个人格发展的基础。

二、儿童早期（1.5~3岁）

此阶段的发展矛盾是自主vs.羞怯感与怀疑，核心发展任务是获得自主感，克服怀疑与羞怯感。

此阶段孩子的活动能力快速发展，特别好动，凡事都想亲自尝试，以显示自己的力量，并藐视外部的控制。这时候孩子想通过自己吃饭、穿衣、如厕等而习得能力感。“让我来”“我不”成为孩子这时的口头禅。如果父母在安全的范围内给孩子一定的自由，鼓励他做力所能及的事，就能使孩子获得自主感。反之，如果父母对孩子限制过多，指责或惩罚过多，容易使孩子产生对自身能力的怀疑与羞怯感。

三、学前期（3~6岁）

此阶段的发展矛盾是主动感vs.内疚感，核心发展任务是获得主动感，克服内疚感。

此阶段孩子在自主性基础上，发展出更广泛的探索世界、

扩展环境的愿望。如果孩子的主动探究行为受到鼓励，就会形成主动性，为他将来成为一个有责任感、有创造力的人奠定基础。如果成人讥笑孩子的独创行为和想象力，那么孩子就会逐渐失去自信心，这使他们更倾向于生活在别人为他们安排好的狭窄圈子里，缺乏自己开创幸福生活的主动性，从而产生内疚感。

四、学龄期（6～12岁）

此阶段的发展矛盾是勤奋感vs.自卑感，核心发展任务是获得勤奋感，克服自卑感。

孩子进入学校，意味着其真正意义上进入了社会。学校是训练孩子适应社会、掌握今后生活所必需的知识和技能的地方。为了努力完成学习任务、与他人共处，孩子必须勤奋努力。如果他们能够顺利地完成学习任务，就会获得勤奋感，形成良好的学习态度，这使他们在今后的独立生活和承担工作的任务中充满信心。反之，就会感到自卑。

五、青春期（12～18岁）

此阶段的发展矛盾是同一性vs.角色混乱，核心发展任务是建立自我同一性，防止同一性混乱。

所谓自我同一性是关于自己是谁，在社会上应拥有什么样的地位，将来准备成为什么样的人，以及怎样努力成为理想中的自己等一系列的自我认知。跨入青春期的个体，由于身体迅速发展、性的成熟，加上所面临的种种社会义务与选择，会对过去怀疑，对将来迷惘，现实自我与理想自我难以统一，这就是同一性危机。如果个体在进入青春期之前，有较强的信任感、自主感、主动感和勤奋感，就容易在这一阶段实现自我同一性，否则容易产生角色混乱。

六、成年早期（18～25岁）

此阶段的发展矛盾是亲密感vs.孤独感，核心发展任务是获得亲密感，避免孤独感。

恋爱与婚姻是这一阶段的主要特征，只有具有牢固的自我同一性的青年人，才敢冒与他人建立亲密关系的风险。只有这样才能与他人建立起有意义的关系，发展友谊与伴侣关系，从而获得亲密感，否则将产生孤独感。

七、成年中期（25～50岁）

此阶段的发展矛盾是繁殖感vs.停滞感，核心发展任务是获得繁殖感，避免停滞感。

在这一时期，人们不仅要生育孩子，还要承担社会工作，这是一个人关怀下一代和对社会发挥创造力的愿望最旺盛的时期。繁殖感有“生”和“育”两层含义，即生殖及教育下一代，这是一种生命的延续感。一个人即使没生孩子，也可以通过关心或教育他人的孩子而获得繁殖感。而相反的，则会体验到发展的停滞感及人生的无意义感，失去关心他人的热情，以自我为中心。

八、成年晚期（50岁以后）

此阶段的发展矛盾是完善感vs.绝望；核心发展任务是获得完善感，避免绝望与沮丧。

在体验了人生的众多喜怒哀乐后，当他们回顾过去，如果感到自己的一生没有虚度，就会产生对生活的完善感，从而可以怀着充实的感情坦然地面对死亡。与此相反，那些对过去的生活感觉不满意的老人，往往会内心充满绝望与沮丧，从而会惧怕死亡。

这八个阶段的顺序是由遗传决定的，与人的身体功能发展相关，这些发展任务是人的内在需要，是与生俱来的。在每一个心理发展阶段中，解决了核心问题之后所产生的人格特质，都包括了积极与消极两方面的品质，如果能在各阶段都向着积极品质发展，就完成了这个阶段的任务，逐渐形成健全的人格，否则就会产生心理危机，出现情绪障碍，形成不健全的人格。

附录B

家长教养能力结构理论

国内家庭教育学者王治芳等（2021）提出了家长教养能力三维结构理论模型，将家长教养能力界定为：儿童父母或其他监护人在一定的知识、技能基础上，有意或无意地对孩子身心发展形成直接或间接、短期或长期积极影响的能力。既包括对教养活动效率有直接影响的认知能力，如了解孩子的能力，也包括起调节作用的非认知能力，如家长自身情绪管理能力等；既包括对孩子的短期影响能力，如对具体学科的作业辅导能力，也包括对孩子的长期影响能力，如培养孩子良好生活或行为习惯的能力等。

根据吉尔福特的三维智力模型，王治芳等提出家长教养能力的三维结构理论模型，包含内容维度、操作维度和结果维度，将家长教养能力分为3×3×3＝27种基本类型。

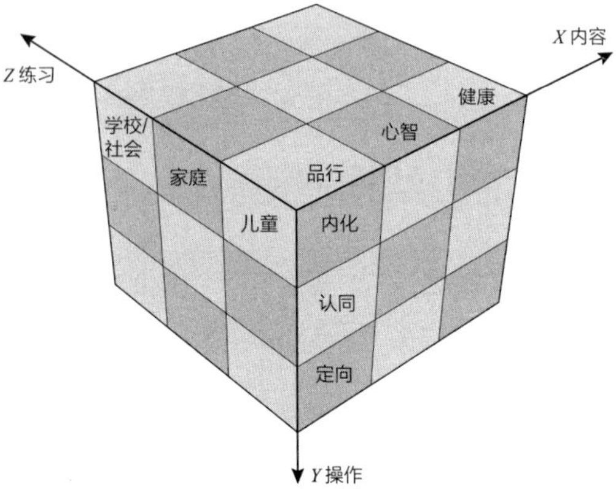

研究者聚焦以下15种能力类型，进行了分析解读。

（1）儿童×品行×认同=教育引导能力。家长对孩子的品行进行教育引导，使孩子认同其观点或要求，即教育引导能力。

（2）儿童×品行×内化=人格感化能力。家长运用自身积极情感与孩子相处，以人格影响人格，促使孩子人格完善，即人格感化能力。

（3）儿童×心智×认同=学习辅导能力。家长对孩子开展心智培育活动，帮助孩子获得学业认同，助力学业发展，即学习辅导能力。

（4）儿童×心智×内化=兴趣培养能力。家长对孩子开展

心智培育活动，符合孩子本身兴趣的部分被孩子内化并融入自身个性发展中，即兴趣培养能力。

（5）儿童×健康×认同=健康习惯养成能力。家长给孩子物质层面的养育，使孩子养成良好生活习惯，拥有健康体魄，即健康习惯养成能力。

（6）儿童×健康×内化=积极心态培育能力。家长与孩子开展心与心的交流，使孩子内化并形成健康积极的生活态度，即积极心态培育能力。

（7）家庭×品行×认同=家规实施能力。家长开展家庭精神建设活动，进行品德教育，使家庭成员认同其要求，言行符合家规家训，即家规实施能力。

（8）家庭×品行×内化=家风培育能力。家长开展家庭精神建设活动，进行道德教育，使家庭成员将品行要求内化为行动自觉，形成良好家风，即家风培育能力。

（9）家庭×心智×认同=情绪控制能力。家长开展家庭关系建设活动，提高家庭成员心智成熟水平，学会调节自身情绪，即情绪控制能力。

（10）家庭×心智×内化=表达沟通能力。家长开展家庭关系建设活动，提高家庭成员心智成熟水平，使家庭成员之间充分交流沟通，化解矛盾，建立和谐关系，即表达沟通能力。

（11）家庭×健康×认同=家居环境布置能力。家长开展家庭物质环境建设活动，家庭成员共同打造一个健康美丽的家庭环境，即家居环境布置能力。

（12）家庭×健康×内化=家庭活动组织能力。家长开展家庭物质环境建设活动，使家庭成员自觉自愿共同参与家庭相关活动，提高家庭凝聚力，即家庭活动组织能力。

（13）学校×社会×定向=家长的家校对话能力。家长与学校建立一定的联系，配合老师，听取老师建议，即家校对话能力。

（14）学校×社会×认同=家长的家校合作能力。家长主动参与家校社共育，合力解决孩子成长过程中的问题，即家校合作能力。

（15）学校×社会×内化=家长的家校协同能力。家长与学校、社会高度协同育人，使孩子各方面积极发展的能力，即家校协同能力。

按照效果维度对以上15项能力进行分类，其中前6项可归为教养孩子能力，7~12项可归为建设家庭能力，13~15项可归为协同育人能力，这是基于结果维度的归类。对教养孩子能力进一步分析，第1、2项可归为孩子品行塑造能力，第3、4项可归为孩子心智培养能力，第5、6项可归为孩子健康管理能力，这是基于内容层面的归类。同样，对于建设家庭能力，基于内容维度，第7、8项可归为家庭文化建设能力，第9、10项可归为家庭关系平衡能力，第11、12项可归为家庭环境创设能力，此处的环境特指物质环境。

（一）教养孩子能力

教养孩子能力重于家长有目的、有意识的教养能力。家庭教育是大教育的组成部分之一，其教育目的应当与国家教育大纲一致。按照德智体美劳“五育并举”的原则，结合家庭教育的特点，将教养孩子的能力分解为孩子品行塑造能力、孩子心智培养能力和孩子健康管理能力。

1. 孩子品行塑造能力

品行塑造是指对孩子合乎道德规范的品质及行为的教育，如爱国主义教育、诚信教育、从善教育、基本文明礼仪教育等。

人无德不立，良好的德行是一个人立身处世的根本。我国古代就有尊道重德的文化传统，孔子讲“志于道，据于德”，《左传》有言:“太上有立德，其次有立功，其次有立言。”历代先贤无一不把“修德”作为人生的必修课。在我国的教育方针中，德育位居“五育”之首，可见其重要性。《全国家庭教育指导大纲（修订）》指出“家庭教育重在教孩子如何做人”，习近平总书记反复强调“立德树人是教育的根本任务”。可见“育才先育人，育人先育德”已经成为教育的共识。

家庭德育在德育系统中具有独特的优势。家庭德育的早期奠基性、家长道德行为的示范性、道德指导的针对性等特点是学校德育和社会教育无法匹敌的。另外，知识和技能的传递基本由学校教育承担，不需家长过度劳神，因此家庭德育就成为家庭教育的重中之重。

德育的效果体现在孩子品行发展上，因此，品行塑造强调对孩子内在道德品质和外在道德行为的培育，使道德规范内化于心、外化于行，达到知、情、行高度统一。从教育方式上来看，对孩子品行的塑造，涉及家长两方面的影响，一是家长自身人格所具有的示范性影响，是家长消极的、无为的影响，即上文所说的人格感化能力；二是家长积极的、有目的的引导，即教育引导能力。

（1）人格感化能力

人格感化是德育的重要方法之一，即家长靠自己的高尚品德、人格及对孩子的深切期望和真诚的爱来触动、感化孩子，促进孩子思想转变，积极进取。

身教胜于言传。子曰：“其身正，不令而行；其身不正，虽令不从。”每一位父母都曾是孩子眼中的“英雄”，具有无所不能的“超能力”，是孩子模仿的对象。父母自身的人格修养一定程度上决定了孩子品行的高低。德国哲学家卡尔·雅斯贝尔斯（Karl Jaspers）说过，“教育意味着一棵树摇动另一棵树，一朵云推动另一朵云，一个灵魂唤醒另一个灵魂”，强调的就是教育者人格的影响作用。因此，家长应加强自身修养，以高尚品格对孩子的世界观、人生观和价值观形成积极影响。

（2）教育引导能力

教育引导能力是家长有目的地对孩子施加影响，使孩子符合自己教育期望的能力。通常通过摆事实、讲道理来进行。

生活处处皆教育。家长应善于借助生活中的教育契机，帮助孩子建立正确的道德标准和行为规范。当孩子犯错时，通过循循善诱、启发引导等方式，让孩子明辨是非；当孩子表现出自发的正向行为时，及时关注并给予肯定；还可以借助他人他事对孩子进行随机的引导等。

2. 孩子心智培养能力

心智培养是指家长有意识地培养孩子的心智能力，挖掘孩子的潜能，发展孩子的个性，促进孩子心智水平不断提高的过程。

如果说品行塑造是“成人”的教育，那么心智培养则是“成才”的教育。虽然学校教育已经承担起大部分心智培育任务，但是家庭早期教育仍然无可替代。孩子从一出生，感觉系统就开始逐渐发展。而感觉是思维发展的初级阶段，良好的感知运动能力是孩子思维高水平发展的基础。孩子的视觉敏感期、听觉敏感期、空间敏感期、细微事物敏感期、语言发展关键期等都开始于3岁之前，在敏感期对孩子进行相应的启蒙教育会事半功倍。孩子天生的好奇心、探索欲及做事的专注度是否得到保护，也会对其学龄期的学习行为产生很大影响。

研究表明，家庭语言环境对孩子语言能力、阅读能力等发展至关重要。孩子入学后，良好学习习惯的养成，学习动机、

学习态度等的形成也与家长的引导密不可分。发现孩子的兴趣，给予针对性的培养，完善孩子的个性，更是家长而非学校的主要责任。

（1）学习辅导能力

学习辅导能力是指家长对于孩子学业上的帮助和引导，如引导孩子养成良好的学习习惯，帮助孩子端正学习动机、改善学业情绪，为孩子提供适当的教育资源等。

学习辅导不是要求家长承担老师的职责，给孩子具体的学科知识辅导，也不是检查作业、辅导习题等。家长尤其应注意家校边界，与学校教育协同进行，但不越界。对孩子不过多干预，更不包办、代替，以培养孩子自主学习能力和良好学业态度。

（2）兴趣培养能力

兴趣培养是指家长有意识地发现孩子对认识某种事物或从事某种活动的心理倾向，并因势利导，如发现并培养孩子对音乐、美术的兴趣，或对某些具体学科的兴趣，如对物理、天文、诗歌、历史等的兴趣。

兴趣是推动人认识事物、探索真理的重要动机。它是一种具有浓厚情感的志趣活动，可以使人集中精力并创造性地完成当前活动。科学上巨大成就的取得往往离不开兴趣的驱动。著名学者丁肇中教授曾深有感触地说：“任何科学研究，最重要的是要看对自己所从事的工作有没有兴趣……比如搞物理实验，因为我有兴趣，我可以两天两夜甚至三天三夜在实验室里守在仪器旁，我急切地希望发现我所要探索的东西。”随着信息化与教育的深度融合，人工智能将对学习产生变革性影响，未来教育将更注重孩子个性化的学习。因此，关注、发现孩子的真正兴趣，积极引导，使其成为孩子的优势，是孩子个性成长和成才路上的重要一步。

3. 孩子健康管理能力

健康是生命之基，是人生幸福的源泉，是孩子成人、成才的保障。对孩子的健康管理包括身体健康和心理健康两方面。

当今，科技日新月异，时代飞速发展，人们生活中的竞争和压力越来越大，焦虑成为一种普遍的社会现象，过度劳累事件时有发生。一些年轻生命不堪重负，过早走向生命终点，不仅未能实现个人理想，也给家庭带来伤痛，给国家和社会造成损失。近年来，国家高度重视健康事业，启动实施健康中国行动。随着人们对幸福生活的追求，人们对健康的理解也从没有

疾病到尽可能提高生活质量上。因此，家长应从小给孩子种下健康的种子，让孩子懂得健康的重要性，学会增进身心健康的方法，形成良好的行为习惯和健康积极的心态。

（1）健康习惯养成能力

健康习惯养成能力是指家长通过有计划、有组织、有系统的教育活动，使孩子自觉形成健康的生活方式，从而达到预防疾病、强身健体的目的，包括健康的饮食习惯、锻炼习惯、睡眠习惯、卫生习惯、用眼习惯等。

体质健康是健康的基础维度，对人的心理健康与社会适应能力有重要影响。研究发现，1991—2010年，我国中小学生的肺活量水平、速度素质、爆发力素质、耐力素质整体呈下降趋势，肥胖检出率、视力不良检出率呈上升趋势，主要原因有膳食结构不合理、课业压力较大、出行方式越来越工具化、体育锻炼不足等。由于国家政策导向，2010 年开始青少年体质健康水平总体出现“止跌回暖”态势，但力量素质仍未得到改善，肥胖率和视力不良检出率仍然持续攀升。因此，孩子的体质健康问题仍然需要社会和家长的高度重视。

（2）积极心态培育能力

积极心态是个体对待自身、他人或事物的积极、正向、稳定的心理倾向。拥有积极心态的人相信“车到山前必有路”“柳暗花明又一村”“乌云过后是晴天”，他们能在同样的境遇中看到事物好的一面，能乐观地看待未来，具有更强的心理韧性，能更加从容地应对挫折、困难和挑战。因此，积极心态是一种重要的心理资本。家长应了解并培育孩子的积极心态，如乐观、勇敢、感恩、充满希望等品质，使孩子具备抵御心理问题和积极发展的能力。

（二）建设家庭能力

家庭是儿童社会化的起点。儿童早期在家庭中所形成的生活习惯、价值观念、为人处世之道、对真善美的感受与追求，以及勤俭、奋进、乐观、勇敢、正直等品质，会成为孩子人生的“底色”，影响孩子一生。我国古人历来重视家庭建设，认为“家和万事兴”，能“齐家”才能“治国、平天下”。党的十八大以来，习近平总书记多次强调要“注重家庭、注重家教、注重家风”。《全国家庭教育指导大纲（修订）》指出“家庭建设是家庭教育的重要保障”。因此，要做好家庭教育，家长首先应提高建设家庭的本领。

家长的家庭建设能力，从精神层面来看，是家庭文化建设能力；从物质层面来看，是家庭环境创设能力（本文中的环境

特指物质环境）；从关系层面来看，则是家庭关系平衡能力。

1. 家庭文化建设能力

家庭文化是指一个家族在世代承袭过程中形成和发展起来的较为稳定的生活方式、生活作风、传统习惯、家庭道德规范以及为人处事之道等，是家庭价值观念及行为形态的总和。每个家庭都有自己的家庭文化。有的家庭文化表现为鲜明的家风、成文的家训家规；有的家庭文化则是不成文的，体现为家人共同的生活习惯、行为方式或生活作风，如勤劳或懒散、文雅或粗俗等。

家庭文化是一个家庭的精神财富，具有重要的育人作用。家庭文化在家庭中代代相传，在很大程度上影响着家庭成员的道德意识、价值取向、文明素质和行为举止等，对家庭成员有重要的导向和约束作用。一般说来，学习型家庭的孩子积极向上，勤劳型家庭的孩子热爱劳动，和谐型家庭的孩子注重礼貌，民主型家庭的孩子懂得尊重，这便是家庭文化育人功能的体现。

（1）家规实施能力

家规是一个家庭的行为规范，是家长用以教育和规范家庭成员及后代子孙的准则。它是家庭文化在制度层面的体现，是家长治家教子的重要载体。

无规矩不成方圆。大到国家社会，小到学校家庭，规矩无处不在。古人早就提出，治家不能“有爱无教”“有爱无礼”，而要“以义方训其子，以礼法齐其家”。孔子的庭训“不学诗无以言”“不学礼无以立”，诸葛亮的《诫子书》、北朝颜之推的《颜氏家训》，以及北宋司马光、南宋朱熹、明代方孝孺、清代曾国藩等都传有家训。他们将人生哲理、处事之道、行为规范凝练为训词，用以规范家庭成员的言行，代代相传。这些家族兴旺、子孙绵长，与重视用家规、家训来治家不无关系。

家规指明了哪些行为可为、哪些行为不可为的边界，是孩子成长路上的“斑马线”。家长应从家庭实际出发，根据孩子的年龄特点立规立诫，监督执行，护佑孩子在漫长的生命旅途中不闯“红灯”、安全成长。

（2）家风培育能力

家风，简单来说就是一个家庭的精神风貌，它看不见、摸不着，以隐性的形态存在于日常家庭生活中，家庭成员的一举手、一投足，无不彰显着家风的特点。

家风是家庭文化的灵魂。它是一个家庭长期培育形成的文

化和道德氛围，具有强大的精神力量。它能在思想道德上约束家庭成员，使其按照家庭认可的价值观行事。优秀家风潜移默化、润物无声，孩子长期耳濡目染，能养成高尚的精神气质。优秀家风还是不良社会文化的过滤器，被优秀家风熏陶的孩子，有更好的辨别是非能力和正确的价值观，即使面对负面社会风气，也能够出淤泥而不染。

中华文明史表明，家风好，通常能家道兴盛、和顺美满；家风差，难免殃及子孙、贻害社会，正所谓“积善之家，必有余庆；积不善之家，必有余殃”。诸葛亮诫子格言、颜氏家训、朱子家训等，都倡导优良家风教育；毛泽东、周恩来、朱德等老一辈革命家也都高度重视家风教育。新时代家长担负着培养民族复兴“梦之队”的大任，也应认真审视自己的家风，取其精华，去其糟粕，自觉培育优良家风。

2. 家庭关系平衡能力

家庭关系是家庭成员之间依据自身角色在共同生活中的人际互动或联系，是家庭成员之间一切社会关系的总和。在我国当前社会中，家庭关系主要包括夫妻关系、亲子关系、手足关系等，一些隔代抚养的家庭中还涉及祖孙关系、婆媳关系、翁婿关系等。家庭关系如何，直接反映出家庭成员之间相互联系的紧密程度、影响程度、家庭的稳固程度、各项家庭职能的履行程度，以及家庭生活质量等诸多方面，并以多种形式对家庭教育产生影响。

儿童教育专家孙瑞雪说，孩子未来跟任何人的关系都取决于家庭关系的模本。家庭关系是孩子最早体验的人际关系，家庭成员交互作用时所产生的有形和无形规则构成了比较稳定的家庭结构，在成员间形成特定的交往模式，孩子将来的恋爱关系、婚姻关系、同事关系等，都在一定程度上映射着原生家庭中的这种交往模式。我国古代非常注重家庭关系的维护。儒家所倡导的“父慈子孝”“兄友弟恭”“夫义妻贤”“长幼有序”等人伦思想，便是基于家庭关系所提出的道德要求。

在和谐融洽的家庭氛围中长大的孩子内心是快乐的、有安全感的，与人交往时是轻松愉悦的；在关系紧张的家庭中长大的孩子，他的情绪也容易紧张，容易出现心理或行为方面的问题。家庭治疗大师莫瑞·鲍恩（Murray Bowen）指出，“当一个二人系统遇到矛盾问题时，就会自然地把第三者扯入他们的系统中，作用是减轻二人间的情绪冲击”，因此，当父母产生矛盾冲突时，孩子常常会不自觉地作为父母矛盾的平衡者和协调者卷入父母的争斗中，但自身却容易出现扭曲心理，或产生问题行为。

一项关于ODD儿童（对立违抗儿童）的研究显示，ODD儿童的症状更多是家庭问题的呈现，而家庭互动方式和家庭关系则是导致症状产生的主要家庭原因。家庭互动方式是直接的、浅层次的原因，而家庭关系则是隐藏在背后的深层次原因。

一项关于高中生的研究显示，家庭关系良好的高中生，其自尊水平和正性情绪得分显著高于家庭关系不良的高中生，他们的抑郁总分及其负性情绪、躯体症状、人际关系得分显著低于家庭关系不良组。由此可以看出，家庭关系与孩子自尊、抑郁水平有显著关系。改善家庭交流，降低家庭冲突，有助于提高孩子的自尊水平，并可减少孩子的抑郁体验。

（1）情绪管理能力

情绪失控是很多家庭冲突产生及升级恶化的原因。家长作为家庭关系的重要协调者，自身情绪管理能力对于平衡家庭关系、避免和解决家庭冲突至关重要。

俗话说，冲动是魔鬼。当人们被情绪所控制，也就是处在激情状态的时候，掌管情绪的右脑过度兴奋，掌管思维的左脑受到抑制，往往不能客观、理智地分析问题，从而导致言行失当，甚至做出错误决定。因此，人们通常被告诫要“先处理情绪，再处理事情”。只有让情绪“冷却”下来，恢复理智，才能对事情做出全面的考量和恰当的反应。家长稳定、平和的情绪不但有利于家庭关系维护，对孩子也是一种良好的示范。情绪管理能力受后天环境影响很大，家长作为孩子的第一任老师，其情绪表露情况及情绪处理方式，是孩子处理情绪问题的模板。

（2）表达沟通能力

家庭关系的质量很大程度上取决于家人之间的沟通情况。沟通是人与人之间思想与情感的传递和反馈过程。人们在沟通中了解彼此、建立信任、发展关系。家人朝夕相处，产生摩擦的机会多，相互付出多，要求也多，出现矛盾是不可避免的。情绪管理解决的是家长自身的情绪问题，是表达沟通的一个良好前提，表达沟通则强调与冲突方有效地化解矛盾、解决问题。

美国著名心理治疗师维吉尼亚·萨提亚（Virginia Satir）女士认为，家庭中出现矛盾后，有的人习惯于讨好，有的人习惯于指责，有的人习惯于转移话题，有的人习惯于讲道理，这些都不是有效解决问题的办法。学会表达与沟通，建立表里一致的沟通模式，是家长应该具备的一项基本技能。

家长是孩子从家庭走向学校、走向社会的领路人，在家

庭教育中起到主导作用。孩子是一个独立个体，有巨大潜能和自我实现的强烈需要，家长遵循孩子的身心成长规律和个性特点，对孩子精心地教育培养，能够助力孩子实现生命的“蓝图”，成为最好的自己。

3. 家庭环境创设能力

家庭环境是家庭文化在物质层面的体现，既包括家庭的一桌一椅、一花一木等静态家居陈设，也包括家庭成员共同参与的动态家庭活动等。

环境的育人功能体现在：一为孩子提供健康的生活场所，二提高孩子感受美、欣赏美、创造美的能力。物质环境承载着显性或隐性的文化信息，孩子生活于精心设计的家庭环境中，不断获得知识、经验和美的享受，有助于孩子形成健全的人格。我国著名儿童教育家陈鹤琴非常强调环境的作用，倡导为儿童创造良好的环境，包括游戏的环境、劳动的环境、科学的环境、艺术的环境、阅读的环境等。

（1）家居环境布置能力

家居环境是孩子生活起居、学习、游戏的重要场所。安全、舒适、美观的家庭环境有助于孩子的身心健康，能够陶冶孩子的心灵。

家中图书角的布置、图书的选择、墙上的字画、客厅中的家具、饰品的格调、餐具的风格等物质形态，所折射出的审美情趣、价值取向和文化品格，对孩子的审美标准、价值判断等方面具有重要的引导作用。长期浸润在特定的环境中，孩子对这样的环境文化“习以为常”，不断固化为思维深处的价值取向，从而影响其思想和行为。书香家庭中的孩子大多文质彬彬、浸染着书的香气，大概就是这个道理。

（2）家庭活动组织能力

家庭生活是由一系列具体的家庭活动组成的，如家人一起用餐、聊天、看电视、读书、外出、购物、旅行、聚会、劳动、体育锻炼、节日庆祝活动等，这些大大小小的家庭活动构成了孩子成长的动态家庭环境。

家庭活动是家庭生活方式的体现。家庭生活方式影响孩子行为习惯的养成，对孩子认识社会起到桥梁作用，对孩子的品格形成起到渗透作用。家长是否能够规划、组织有益的家庭活动，关系到孩子的健康成长和家庭的幸福和谐。陶行知先生说，“生活即教育”“是好生活就是好教育，是坏生活就是坏教育；是认真的生活，就是认真的教育，是马虎的生活就是马虎的教育；是合理的生活，就是合理的教育，是不合理的生活，就是不合理的教育；是康健的生活，就是康健的教育，是不康健的生活，就是不康健的教育……”可见，家庭活动组织能力直接关系到教育孩子的质量，家长应通过丰富的活动，寓教于乐，促进孩子身心健康成长。

（三）协同育人能力

家长的协同育人能力是指家长作为家庭教育的主体，其教养孩子实施家庭教育时与学校教育、社会教育保持一致，共同促进孩子健康发展的能力。

教育是学校、家庭和社会共同开展的一项系统工程，需要三方共同努力为学生创造良好的成长环境。苏联教育家苏霍姆林斯基说过，只有学校教育而没有家庭教育，或只有家庭教育而没有学校教育，都不利于完成培养人这一极其复杂的任务，最完美的教育应是两者的有机结合。学校教育需要家庭教育的支持，家庭教育需要学校教育的引领，两者合作才能产生更强大的作用。

1. 家校对话能力

家校对话能力是指家长与学校老师建立初步的联系，能够配合老师的要求，根据老师的建议解决家庭教育中的具体问题。但是，在这一阶段，家长是被动的，虽然具有尊师重教的态度，却由于对家庭教育责任和家校协同育人的不了解，未能主动参与到家校合作中来。

2. 家校合作能力

家校合作能力是指家长具备一定的家校合作意识，能够主动与学校进行沟通，积极参与家校共育活动，咨询并解决孩子成长过程中遇到的问题，家校相互配合，促进孩子健康成长。在这一阶段，家长可能具有一定的功利性，积极参与只为了让老师更关照自己的孩子，对于家校双方的职责并不清晰，家校之间可能会存在边界不清等问题。

3. 家校协同能力

家校协同能力是指家长具备较高的教育素养并树立了协同育人理念，能够自觉与学校建立良性互动，家校两个主体在教育目标上保持高度一致，既有合作又有边界，相辅相成，优势互补，建立良好的育人环境，不断促进孩子积极发展。

附录C

依恋理论

依恋是指个人与某一特定个体间持续的、强烈的情感关系。依恋理论认为，儿童期的依恋关系对个体人格发展有很大影响。

一、依恋理论的提出

依恋理论首先由英国精神病学家约翰·鲍尔贝（John Bowlby）提出。1944年，他进行了一项关于少年小偷的研究，首次激发了他对母子关系的研究兴趣。随后，他开展了一系列“母亲剥夺”研究并指出，在儿童早期，将婴幼儿长时间放在公共机构内照料或经常变换主要养育者，会对其人格发展造成不良影响。

1969年，鲍尔贝的“依恋三部曲”的第一卷《依恋》问世，他提出依恋概念，指出婴儿在出生后到两岁之间与主要抚养者所形成的安全的依恋关系是婴儿形成安全感的一种非常重要的因素。婴儿与养育者之间持久的情感联系会内化为人格的关键部分，并且成为未来人际交往和建立亲密关系的基础，贯穿儿童期和青春期，直到成年。

他还指出，依恋是生命系统的一部分，虽然它在整个生命过程中都存在，但在儿童早期最明显，儿童只有把父母作为“安全基地”才能有效地探索其周围环境。假如婴儿不寻求并维持与照顾者的亲近，这无助的婴儿将会死亡。

二、不同的依恋类型

美国心理学家玛丽·爱因斯沃斯（Mary Ainsworth）认为，依恋关系中个体间的重要差异在于依恋的安全性或不安全性。1978年，她与同事设计了陌生情境测验，评定1岁婴儿对其母亲的依恋的安全性。陌生情境测验是在一间实验性玩具室内观察婴儿、养育者（多为母亲）和一个友好却陌生的成人在一系列情境中的行为。这个情景依次由下列八个步骤构成：

——母亲带儿童进入一个陌生房间。

——母亲坐下来，儿童自由探索。

——一个成年陌生人进入房间，先和母亲说话，再和儿童说话。

——母亲离开房间。

——母亲回来，和儿童打招呼并安慰儿童，陌生人离开。

——母亲再次离开，留下儿童自己。

——陌生人回来。

——母亲回来，陌生人离开。

爱因斯沃斯根据陌生情境测婴儿的不同反应，将依恋关系分为三种类型。

安全型依恋。这类婴儿与母亲在一起时能开心地玩玩具，并不总是依附于母亲，当母亲离去时，会表现出明显的焦虑。当母亲回来时，会立即接近母亲，并很快平静下来继续玩游戏。这样的孩子通常比较合作，对陌生人比较友善，一般比较快乐和自信。

不安全依恋（回避型）。这类婴儿在母亲离去时并不表现出紧张或忧虑，当母亲回来时，也不予理会或短暂接近一下又走开，表现出对母亲的忽视及躲避行为，这类婴儿在接受陌生人的安慰与母亲的安慰时的反应没有差别。这样的孩子有需要时不会寻求帮助，常有愤怒情绪，对陌生人不在意。

不安全依恋（反抗型）。这类婴儿在母亲离开之前就开始焦虑，紧张地关注，生怕母亲离开，因此，不能尽兴地玩玩具；在母亲离开后更加不安。当母亲回来后他的表现很矛盾，一方面想亲近母亲，一方面又用踢打、尖叫的方式来拒绝，无法再投入到游戏中。这样的孩子很少对周围环境进行探索，很难安抚，对陌生人也不友好。

然而，在实际工作中还发现一些儿童的行为不符合以上三种类型中的任何一种，且这些儿童曾有被虐待与被忽视的经验，于是，国际依恋心理研究协会主席帕特里夏·克里滕登（Patricia Crittenden）（1988）提出另一种依恋类型——不安全依恋（破裂型），此类儿童会对母亲表现出冷漠。

在爱因斯沃斯的最初研究中，安全型依恋儿童约占65%，不安全依恋（回避型）占21%，不安全依恋（反抗型）占14%。后来，在8个国家2000名儿童中进行的39个有关依恋类型的研究，虽然有一定的文化差异，却发现依恋类型的分布几乎与爱因斯沃斯的研究相同，但不安全依恋（破裂型）约占4%。

进一步的研究发现，不同亲子依恋类型的母亲表现出不同特点。

1. 安全型依恋儿童母亲的特点

——对孩子很敏感。能根据孩子的需要来喂食，对喂食的

时间、速度和方式等都非常敏感。

——对孩子有较多的反应。在孩子哭时会去安慰"回答"孩子的问题，在孩子看着她们时会对孩子说话。

——允许适宜孩子年龄阶段的自主和探索。亲近具有灵活性——孩子和母亲各自独立活动，并不时进行随意交流。

——母亲和孩子似乎在互动中获得乐趣。

2. 不安全依恋（回避型）儿童母亲的特点

——似乎致力于抚育任务，但经常在情感上对孩子不可亲近。

——孩子似乎了解到，如果自己坚持寻求关注，母亲就能够做出反应，因而孩子始终保持与照看者的亲近。

——一些孩子会关怀双亲，以便增进互动，这会让孩子过早地成人化。

3. 不安全依恋（反抗型）儿童母亲的特点

——母亲对孩子的需要不是特别关心或敏感。

——易发怒，不会表达自己的感情，羞于和孩子有亲密的身体接触。

——紧张、不安、缺乏自信，和孩子间的距离常引起孩子的愤怒。母亲似乎对孩子的接触尝试做出消极的反应，当孩子难过时，母亲退缩。

三、依恋理论对家庭教育的启示

两岁前是建立安全依恋的关键期，与孩子进行高质量的亲子互动是建立安全依恋关系的基本途径。

第一阶段：从出生至6周左右。这时候，孩子开始与身边的成年人有了亲密接触，如抓握大人的手指、凝视成人的眼睛、用微笑或哭泣来表达自己的情绪。这一阶段的孩子可以识别自己母亲的气味和声音，但是，还没有形成对母亲的依恋，他们不介意跟不熟悉的大人待在一起。作为照料者，此阶段应当及时满足孩子的吃喝拉撒等各种生理需求，让孩子感觉到舒适。

第二阶段：6周至6~8个月。在这一阶段，孩子开始能够将母亲和陌生人区分开来。如果母亲能够经常与孩子“交流”，逗孩子开心，每当孩子发出信号（如哼唧、表情、手势、目光指向等）来表达需求时，母亲都积极应答，快速做出反应，孩子就会逐渐对母亲产生信任感。反之，如果母亲经常无法及时、正确地应答，孩子就会对母亲形成不信任感，这对依恋关

系的形成具有极大的破坏力。尽管如此，即使孩子此时可以识别母亲与他人的不同，当自己与母亲分开时，孩子仍然不会出现抗议行为。

第三阶段：6~8个月至18个月~2岁。孩子明显表现出分离焦虑，他会在母亲离开时感到难过，大一些的孩子还会努力尝试挽留母亲，如接近、跟随并爬到母亲身上。他把母亲当作安全基地，从中获得情感支持。但也恰恰是在这一阶段，大多数母亲休完产假之后，需要重返工作场所，陪伴孩子的时间自然减少，甚至因路途遥远、工作压力大等原因，而不得不给孩子断奶。这会给孩子带来很大的焦虑，有的会与其他抚养者建立依恋关系，有的则形成“精神孤岛”，不跟任何人建立依恋关系。

第四阶段：18个月至2岁以后。孩子慢慢能够理解母亲的离去，认识到母亲离开是暂时的，并不是抛弃他，母亲仍然是爱他的。这种稳定的认识一旦建立，孩子对妈妈离开的恐惧就会大大减小，从而减少分离焦虑的程度，提升对母亲的信任感。

因此，作为孩子的照料者，要想与孩子建立安全的依恋关系，应当做到以下几点：

一是保持对孩子释放信息的敏感度，做到及时回应、正确解读。当然，这需要我们对孩子的日常表现非常了解。

二是加强对孩子的陪伴和关注，即使是职业女性，回家后也应多与孩子亲密互动、多做游戏，满足孩子的心理需求。

三是保持愉快的情绪，避免将自己生活中的烦恼投射到孩子身上。

附录D

家庭系统理论

一、家庭系统理论及其主要观点

家庭系统理论泛指在家庭心理学中运用系统思维，对个体、夫妻和家人在相互关系中及活动环境中的情感、思想和行为进行研究的家庭心理学理论。系统思想是家庭系统理论的基本立场和出发点。

家庭系统理论最初由美国心理治疗家默里·鲍恩（Murray Bowen）在20世纪40年代末提出，经由约翰·豪威尔、玛格丽特·辛格、萨提亚、贝罗迪、海灵格等多位研究者的深入研究与拓展，家庭系统理论目前已发展为一系列比较完善、丰富的理论体系，主要应用于系统式的家庭治疗，同时也是观察、指导和协调普通家庭人际关系的重要方法和依据。

家庭系统理论的主要观点如下。

（1）家庭是一个整体，家庭成员之间的情绪活动相互联系，彼此影响。个人与家庭的情绪分离程度将影响其人格的独立性。

（2）家庭系统中的情感过程会在家庭模式中持续发生作用，慢性焦虑等情绪会在代际间长期传递。

（3）家庭系统中存在维护平衡的动力法则，家庭中儿童出现的“问题”，既反映了家庭成员关系中的“问题”，也可能是为维持系统间某种平衡而产生的。

二、家庭系统中常见的压力因素

（一）父母的自我分化程度

自我分化是鲍恩家庭系统理论中的核心概念。在内心层面，它指个体把理智与情感分开的能力；在人际关系层面，它是指个体与他人的情绪分离的能力。

一般而言，自我分化程度较高的个体，在心智上和情感上更能够顺利地独立成为成熟的个体。自我分化程度较低的个体，容易受到环境的影响，在压力情境下，理智容易受情绪的支配，缺乏自我意识，易感情用事，在人际关系中，难以同时维持独立自主和与他人情感连结的平衡，容易与他人在情感上纠缠、依附。

儿童自我分化水平的发展状况与父母本身的自我分化程度有关。在亲子交往中，自我分化程度低的父母容易将自己身上不成熟和低分化的状态通过情绪系统投射到子女身上，不利于儿童自我分化的过程和独立性的形成。当家庭环境发生变化或面临压力时，父母容易产生焦虑感和无力感；面对教育子女的困难，他们容易情绪化和失控。

（二）家庭的三角关系

由夫妻结合而形成的小家庭最初是简单的二人关系，孩子出生以后，这种简单的二人关系被打破，变成三人关系（三角关系）。

如果外在环境平稳安定，夫妻自我分化水平较高，面对一般压力环境会及时自我调整，孩子出生后形成的家庭三角关系也会呈现稳定和谐状态。一旦家庭生活中面临较大压力，夫妻双方焦虑水平上升，低分化水平的父母为了舒缓自己的压力，就会把第三者拉进关系中，形成紧张的三角关系。

在由父母和孩子组成的核心家庭中，关系最紧密、最缺乏分化能力的孩子最容易成为低分化水平父母投射焦虑和压力的对象，这时形成的三角关系对孩子来说就是紧张、不舒服的，但是孩子无法分辨和解除这些体验，而是积累起来形成有关自我的意象，并对情绪情感、人际交往和学习等多方面造成不良影响。

（三）与原生家庭的牵连纠葛

原生家庭指个人出生后被抚养长大的家庭，鲍恩等人认为，个人在原生家庭中与父母的关系模式，会持续影响其未来生活，尤其会影响婚后的亲密关系。

原生家庭通过夫妻双方的自我分化水平对新的家庭系统产生影响。一般人都倾向于选择与自己分化程度相似的人为伴侣，他们结合后形成新的家庭情绪系统。所以两个自我分化水平较高的父母结合后，相处方式比较和谐，既有各自的独立性，又能保持密切的联系，这是最理想的家庭环境，容易养育自我分化水平高的孩子。

两个自我分化水平低的个体组建家庭以后，夫妻双方在原生家庭中形成的价值观、思维方式、行为特点及交互模式在新的家庭系统里容易产生冲突和矛盾，孩子被父母拉进紧张的三角关系，又使得孩子模仿和习得父母的家庭互动方式，深刻影响其未来生活。此外，原生家庭中的祖辈还可能通过家庭关系对后代的婚姻家庭生活直接干预，从而容易引发更加复杂的家庭矛盾。

三、对家庭教育的启发

从家庭系统理论看来，家庭由多个个体组成，三角关系是核心家庭的动力模式。在家庭系统中，每个个体之间既是相互联系的，又是彼此独立的，如果每个个体的自我价值得到充分肯定和展示，个体分化出较为健康的心智和情感，家庭关系会呈现和谐美好的状态。这对家庭教育有以下三个层面的启示。

第一，父母个人提高层面。父母应当学会认识自己，了解自己，感受和原生家庭间的联系，梳理和原生家庭父母的关系，修复自己在原生家庭中未分化的情感等。学会把焦虑的目光从孩子身上拉回自己身上，重新认识孩子问题行为、不良习惯背后的深层需要，反思自己的成长经历，觉察自我价值，达到自我疗愈。

第二，夫妻亲密关系层面。海灵格认为，家庭中的夫妻关系应优先于亲子关系，鲍恩的三角关系理论也表明紧张的夫妻关系会把孩子拉进复杂的三角关系，因此，父母应当学习亲密关系中积极正面的表达沟通方式，学会相互尊重和理解，为孩子的成长提供温馨、和睦的家庭氛围。

第三，亲子教育层面。父母应当学习儿童生理和心理发展方面的知识，掌握积极有效的教育儿童的技巧和方法，参加一些亲子教育的行为训练等，切实提高家庭教育水平。

参考文献

[1] 王治芳，牛青云. 基于家校协同的家长教养能力三维结构理论模型建构[J]. 中国成人教育，2021（8）.

[2] 王治芳. 家长学堂：学会陪伴学会爱（七年级）[M]. 济南：山东教育出版社，2020.

[3] 王治芳. 家长学堂：学会陪伴学会爱（八年级）[M]. 济南：山东教育出版社，2020.

[4] 王治芳. 家长学堂：学会陪伴学会爱（九年级）[M]. 济南：山东教育出版社，2020.

[5] 简·尼尔森. 正面管教[M]. 玉冰，译. 北京：京华出版社，2009.

[6] 张志军. 跟古代名人学家风家教[M]. 北京：商务印书馆国际有限公司，2015.

[7] 成云雷. 家风家训的故事[M]. 武汉：长江文艺出版社，2019.

[8] 张锐，宋秦. 迈好青春第一步（十四岁集体生日仪式）[J]. 现代教育，2020.（6B）.

[9] 李贤珠. 树看到了什么 [M]. 北京：北京联合出版公司，2019.

[10] 露易丝・海. 生命的重建[M].徐克茹，译. 北京：中国宇航出版社，2019.

[11] 王思斌. 初级社会工作实务[M]. 北京：中国社会出版社，2020.

[12] 托马斯・戈登. P.E.T.父母效能训练[M]. 北京：中国发展出版社，2020.

[13] 高莹. 78个打动人心的说话技巧[M]. 北京：地震出版社，2006.

[14] 加布里埃尔・厄廷根. WOOP思维心理学[M]. 北京：中国友谊出版公司，2015.

[15] 史蒂芬・柯维. 要事第一[M]. 北京：中国青年出版社，2010.10.

[16] 凯利・麦格尼格尔. 自控力[M]. 北京：文化发展出版社，2017.10.

[17] 国家学生体质健康标准（2014年修订）[S].教育部，2014.

［18］国家体育总局. 国民体质测定标准手册[M]. 北京：人民体育出版社，2003.

［19］国家体育总局青少年体育司，国家体育总局体育科学研究所. 儿童青少年科学健身指南[M]. 北京：人民邮电出版社，2020.

［20］斯科特·兰卡斯特，拉杜·特奥多雷斯库. 青少年身体素质练习方法[M]. 北京：人民邮电出版社，2017.

［21］戴尔·卡内基. 人性的弱点[M]. 北京：中国妇女出版社，2006.

［22］罗伯特·博尔顿. 人际关系学:如何保持自我、倾听他人并解决冲突[M]. 天津：社会科学院出版社，2012.

［23］马德浩，季浏. 我国中小学生体质健康中存在的问题、致因及其对策[J]. 西安体育学院学报，2017，34（2）：182-188.

［24］陈长洲，王红英，项贤林，等. 改革开放40年我国青少年体质健康政策的回顾、反思与展望[J]. 体育科学，2019，39（3）：38-47.

［25］席居哲，桑标，邓赐平.儿童心理健康发展的家庭生态系

统特点研究[J]. 心理科学，2004，27（1）：72-76.

［26］蔺秀云，李文琳，李泽，等. 对立违抗儿童家庭问题分析[J]. 北京师范大学学报（社会科学版）. 2014（3）：23-32.

［27］蚁璇瑶，凌宇. 家庭关系对高中生自尊与抑郁情绪的影响[J]. 教育测量与评价（理论版）. 2013（5）：35-38.

［28］王垒，李林，梁觉. 综合智力：对智力概念的整合[J]. 心理科学，1999，22（2）：97-100.

［29］王永祥. 儒家家庭教育思想研究[D]. 兰州：兰州大学，2017.

［30］关颖. 家庭教育社会学[M]. 北京：教育科学出版社，2014.

［31］爱利克·埃里克森. 洞见与责任[M]. 罗山，刘雅斓，译. 北京：世界图书出版公司，2017.

［32］约翰·鲍尔比. 依恋[M]. 付琳，译. 北京：世界图书出版公司，2018.

［33］维吉尼亚·萨提亚. 新家庭如何塑造人[M]. 易春丽，叶冬梅，译. 北京:世界图书出版公司，2018.

[34] 陈鹤琴. 家庭教育[M]. 上海：华东师范大学出版社，2013.

[35] 陶行知. 陶行知文集[M]. 南京：江苏凤凰教育出版社，2008.